"디자이너가 알려주는 포토샵 입문서"

미키의
포토샵

미키안 지음

초판 발행 2021년 11월 15일
지은이 미키 안 펴낸이 안창현 펴낸곳 코드미디어
북 디자인 Micky Ahn 교정 교열 감수 민혜정
등록 2001년 3월 7일 등록번호 제 25100-2001-5호
주소 서울시 은평구 갈현로 318-1 1층 전화 02-6326-1402
팩스 02-388-1302 전자우편 codmedia@codmedia.com
ISBN 979-11-89690-58-8 13000

정가 12,800원

미키의
포토샵 이야기

대학교때 플로피 디스크 버전의 포토샵을 처음 접했다.
음~ 어떤 버전인지는 기억이 안나지만
포토샵을 만난 첫 느낌은 '이게 뭐야. 뭔지 모르겠다.' 였다.
이후 설치형 포토샵4.0을 접하고 처음으로 무언가 그적거리기 시작했다.
특히 합성 작업에 매우 흥미를 느꼈었다.
스템프 도구였던거 같은데 이 도구를 이용하여 인물의 얼굴을 서로 바꿔보는
작업을 재미있게 했던거 같다.
어쨌든 포토샵을 처음 만졌고 기본 포토샵 기능을 익히게 되었다.
어떤 설명이나 도서를 참고하지 않고
손가는데로 만지면서 포토샵을 알아가기 시작했다.

어느덧 사회에 진출해서 기획사였던 첫 회사에 입사했다.
기획 파트였기 때문에 굳이 디자인을 접할 필요는 없었다.

그러나 내 생각대로 디자인이 반영이 되지 않았던 것이
답답함을 느꼈던 나머지
내가 직접 디자인을 제대로 배워야겠다 생각했다.
그래도 조금이라도 알면 디자이너랑 조율하기에 편하지 않을까라는 생각때문이었다.
학원을 다니기에는 부담스럽고 해서 독학을 해야 했다.
하나하나 직접 해보면서 모르는 부분이 있으면
친분이 있는 디자이너에게 물어보면서 해결했다.
너무 많이 물어보게 되었던지 나만 보면 도망가던
디자이너가 생각난다. 잘 지내나 모르겠네.

왜 이리 용어가 많고 어려운지
디자이너가 설명해줘도 모르는 부분이 너무 많았다.
나중에는 '모르겠다. 내 마음대로 해보자.'라는 생각이 들었다.
그런데 희안하게도 내 마음대로 해도 결과는 나온다는거지.
마치 당구에서 기본 길이 아닌 막 쳤는데도 맞추는 그런 느낌!
중간중간 디자이너에게 검토를 부탁했는데 오히려 감탄을 하더라.
'이렇게도 작업할 수 있구나.' 칭찬인지 뭔지는 모르겠지만
이렇게 포토샵을 하나하나 익혔다.
그리고 어느 정도 결과물을 만들어낼 정도의 실력까지 키웠고
어느덧 내가 작업한 프로젝트의 디자인도 내가 직접하게 되었다.
물론 많은 시간과 많은 노력이 필요했지만

지금도 디자인일을 하고 있고 대학 강단이나 회사에서 디자인을 가르치기도 한다.
그런데 참 많은 사람들이 포토샵을 암기하듯이 공부하더라
기능을 많이 아는 것이 포토샵을 잘하는 것이 아닌데도 말이다.
어느 디자이너들도 포토샵의 기능의 40퍼센트도 채 사용하지 않는다는 사실을
모르는 것 같아 아쉬웠다.

내가 아는 유명 디자이너는 필요에 의해
혼자서 일주일만에 플래시 애니메이션을 습득하더니
떡하니 대기업 홈페이지 메인을 장식할 정도의 퀄리티를 만들어 내더라.
기본을 가지고 있었기 때문에 쉽게 프로그램을 습득할 수 있을뿐더러
다른 경력자보다 더 훌륭한 결과를 뽑아낼 수 있었던 것이다.
기능을 많이 아는 것이 아니라 기본에 충실한 것이
중요하다는 점을 알았으면 좋겠다.
이러한 마음을 담아 이 도서를 쓰게 되었다.

처음에는 포토샵을 가르칠 때처럼 '강의 내용을 그대로 담자'로 시작했다.
보통 포토샵과 일러스트레이터, 인디자인을 함께 설명하곤해서
처음에는 디자인 입문으로 준비했다가 내용이 너무 방대해져서
결국 포토샵으로 내용을 나누어 기획했다.
잘되면 일러스트레이터와 인디자인 버전도 만들 예정이다.
독자여러분의 성원이 있어야 가능하겠지만….

이 도서는 '읽으면서 배우는'이라는 소제목을 달고 있다.
읽으면서 배운다라는 것이 당연한 말이겠지만
잘 생각해보면 요즘에는 읽기 보다는 보는 것이 익숙하지 않나 생각한다.
나도 유튜브 시청을 너무 좋아해서 매일 많은 시간을 할애해서 본다.
정말 좋은 정보를 찾았을 때는 꼭 한번 해봐야지 생각하는데
매번 돌아서면 내용을 잊어 버린다. 내용을 매번 기록하는 것도 일이더라.
영상은 영상대로의 장점과 단점이 있는 것 같다.
그래서 읽지만 영상처럼 보는 것처럼 내용을 담고 싶었다.
그러다 보니 너무 뻔한 소제목이 탄생했다.
그냥 바른말 같아 지금봐도 재미없다.

그리고 이 도서는 포토샵에서 제공하는 많은 기능을 다 소개하지 않는다.
꼭 알아두어야 할 내용만 자세하게 소개해 두었다.
이 정도면 기본적인 포토샵을 다루는 데 문제는 없을 것이다.
어떤 부분은 다른 전문가와 생각을 달리 하는 부분도 있을 법하다.
그동안 내가 쌓아둔 주관적인 정보다 보니 그럴 수 있을 것이다.
워낙 포토샵은 사용자마다 사용 방법이 다르다 보니….
여러분도 감안하여 봐주시길 당부드린다.

그동안 수많은 도서를 집필해 왔는데
이번만큼 떨리는 건 첫 책 이후로 처음인 거 같다.
정말 많이 다듬었던 것 같다.
많은 시간 동안 애정이 많이 묻어나 있는 책이다.
여러분도 저의 이러한 애정을 많이 느끼셨으면 한다.

감사합니다.

_미키 안

2018년 1월 8일 이 도서의 초안을 쓰고   2021년 11월에 출간 되었다.

이 도서는 포토샵을 처음 접하거나
포토샵을 할 줄은 알지만 개념이
부족한 분을 위해 개념을 알려주는
도서입니다.

이 도서는 화려한 테크닉을 소개하거나
대단한 작품을 만들어보는 도서가
아닙니다.

그동안 포토샵을 접하면서 꼭 알아두어야
할 내용과 기능들만 소개하였습니다.

모쪼록 이 도서를 통해 포토샵과 더 친해지는
계기가 되기를 기원합니다.

포토샵에서 작업을 하기 위해 새 문서를 열거나 불러오는 방법을 소개합니다.

포토샵 사용 시 반드시 알아두어야 할 기능입니다.

Photoshop FlowChart

포토샵에서 실제로 작업할 때
주로 사용하는 기능입니다.

포토샵에서 작업한 내용을
저장하고 인쇄하는 방법을
소개합니다.

CONTENTS

포토샵이 뭔가요?

#포토샵 역사 #포토샵 학습 요령

그래픽이란 그림이나 사진 등 다양한 시각적 형상이나 작품을 통틀어 말하는 것으로 PC에서 작업하는 그래픽은 '컴퓨터 그래픽'이라고 부르는 것이 올바른 표현이랍니다. 우리가 배워볼 포토샵은 이러한 컴퓨터 그래픽 작업을 할 수 있도록 해주는 대표적인 프로그램이에요.

흔히 포토샵으로 예쁘게 꾸민 사진을 '뽀샵'이라 부를 정도로 포토샵은 대중들에게 친숙한 프로그램이 되었지만 몇 년전만 해도 포토샵은 전문 디자이너들이 사용하는 그래픽 편집 프로그램이었습니다. PC 보급과 인터넷의 대중화와 함께 그래픽 편집 사용이 높아지면서 포토샵도 점차 업무용에서 개인용으로 대중화되었고 이러한 환경에 따라 학습용 도서가 많이 출시되었으며 최근에는 인터넷, 유튜브 등 다양한 SNS를 통해 보다 쉽게 그래픽 툴을 배울 수 있는 기회가 많아졌습니다. 그래서인지 어렸을 때부터 PC에 익숙한 친구들은 포토샵을 따로 배우지 않아도 능숙하게 포토샵을 잘하는 친구들이 많아졌죠.

그러나 이러한 환경을 받아들이지 못해 학습할 기회를 갖지 못한 사람들은 더없이 포토샵 배우기가 어렵게 느껴질 것입니다. 어떻게 시작해야 할지 막막하고 책을 봐도, 유튜브 강좌를 봐도 어렵게만 느껴질 것입니다. 그 이유는 포토샵이 친숙하지 않았기 때문입니다. 그러면 어떻게 친해져야 할까요. 친해질려면 우선 포토샵이 어떤 녀석인지 알아두세요.

포토샵Photoshop! 한글로 바꾸면 '사진관'이라고 부를 수 있겠죠. 필름 현상과 인화의 원리를 이용했기 때문에 포토샵이라고 부르게 되었다고 합니다. 사진 편집의 대부! 포토샵은 어떻게 탄생하게 되었을까요? 마이크로소프트, 애플, 페이스북 등 현세대에 유명해진 IT 기업들이 아주 작은 계기에서부터 시작되었듯 포토샵도 어느 학생의 논문에서부터 시작되었답니다. 1987년 토마스 놀Thomas Knoll이라는 학생이 논문을 위해 디스플레이라는 이름의 PC용 흑백 이미지 처리 프로그램을 개발했습니다. 단순했던 이 프로그램은 조지 루카스 인더스트리얼 라이트 앤 매직Industrial Light & Magic에 근무했던 토마스 놀의 동생인 존 놀John Knoll이 이 프로그램의 가능성을 엿보고 다양한 기능을 추가한 툴을 개발하기 시작했습니다. 이때부터 조금씩 이미지 편집 툴의 형태를 갖추었고 결국 판매에까지 이르게 되었답니다. 이 제품의 성공은 놀 형

[Display] 정보

토마스 놀

제의 가능성을 눈여겨본 어도비사^{Adobe}와 계약을 체결하는 초석이 되어줍니다. 1990년에는 드디어 어도비 포토샵 1.0 이라는 타이틀로 정식 출시를 하게 되지요. 이때 나온 포토샵은 애플 맥의 독점 프로그램이었어요. 전문가들이 맥을 많이 사용하고 있었기 때문에 그래픽 전문가들의 중심으로 지지를 받았고요. 이후 출시한 버전 3부터는 MS윈도우로 출시

하였고 이는 포토샵이 대중적인 인기를 얻는 계기가 되었답니다. 이 버전부터 포토샵의 핵심 기술인 레이어 기능이 추가되었답니다.

포토샵의 위상은 날로 높아지다가 2003년 버전 8부터 기능을 대폭 추가한 포토샵 CS$^{Creative Suite}$로 이름이 바뀌어서 출시되었습니다. 당시 극성이었던 불법복제를 규제하는 기능이 포함시켜 불법 복제를 막으려는 시도를 한 것도 이때부터입니다.

그리고 포토샵 CS6 이후 버전부터 패키지가 아닌 온라인으로 설치하는 방식인 CC$^{Creative Cloud}$ 버전으로 탈바꿈하게 됩니다. 기존 패키지처럼 카피당 구매하는 것이 아니라 매월 사용료를 결제하는 월정액 방식으로, 버전업할 때마다 별도로 구매할 필요가 없답니다. 이 시스템은 현재까지 그대도 유지하고 있답니다.

포토샵 패키지 버전

　　포토샵도 초기 개발 때는 참여했던 인원이 고작 4명이었다는 사실을 아시나요? 4명의 프로그래머가 제작한 조그마한 포토샵이 지금은 없어서는 안 될 존재로 커진 거랍니다.

　　포토샵의 역사를 살펴보니 처음보다는 좀 친근감이 들지 않나요? 좀 더 포토샵과 친해질 수 있는 방법을 알려드릴까요? 포토샵을 배우려는 사용자들은 대개 포토샵의 메뉴 기능을 하나하나 배우려고 노력합니다. 대부분의 학습서나 강좌들이 이러한 메뉴 기능 위주로 소개되어 있기 때문이겠죠. 당연히 메뉴

각각의 기능을 익히는 것은 중요합니다. 하지만 메뉴의 기능을 암기하듯이 배우는 것보다 중요한 것은 포토샵을 게임 대하듯이 즐기는 것입니다. 포토샵 전문가도 포토샵의 기능을 100% 사용하지 않는답니다. 기껏 40% 정도의 기능을 가지고 활용하게 되죠. 다시 말하자면 포토샵의 수많은 기능을 배우는 것보다 아주 기초만 익힌 후 이리저리 만져보는 것이 모든 기능을 외우는 것보다 중요하다는 것입니다. 포토샵의 메뉴를 전부 알아야만 포토샵을 잘하는 길이 아니라는 것을 알아두세요. 더불어 처음부터 메뉴에 대한 단축키를 외우는 사람들도 볼 수 있는데 제발 처음부터 단축키 외우려고 하지 마세요. 힘들잖아요. 처음에는 포토샵을 즐기는 것이 제일 중요합니다. 그리고 필요에 따라 단축키를 사용하면 됩니다. 정리하자면 힘들게 포토샵 메뉴를 익히고 단축키를 암기하지 마시고 마음대로 조작해서 포토샵을 즐겨보도록 하세요.

처음에는 수많은 메뉴 중에 내가 찾고 싶은 메뉴가 어디에 있는지 찾기가 쉽지 않을 거예요. 그럴 때는 개발자 입장에서 생각해 봅니다. 내가 만약 개발자라면 이러한 기능은 어디에 있을 때 편리할지 고민해 보세요. 그리고 그 생각를 따라가보면 신기하게도 그곳에 메뉴가 있는 것을 확인할 수 있을 것입니다. 개발자들은 프로그램을 만들 때 사용자가 쓰기 편리한 위치가 어딜지 고려해 설계하기 때문입니다.

포토샵 초기 개발자 (왼쪽부터 공동 개발자 – 토마스 놀, 존 놀/ 제품 매니저 – 스티브 거트맨/
어도비 수석 크리에이티브 디렉터 – 러셀 브라운)

　이러한 방법으로 그래픽 툴을 친숙하게 만들고 하나하나 기
능을 익혀간다면 어느새 여러분도 포토샵의 전문가가 되어 있
을 것입니다. 수많은 포토샵 전문가도 포토샵의 모든 기능을 이
용하지 않습니다. 그리고 포토샵에 정도는 없습니다. 도서나 학
원에서는 바른길을 알려주지만 대부분의 전문가들은 나만의 스
타일대로 사용합니다. 그래서 사용자마다 사용 방법이 다르답
니다. 즉, 정답은 없어요. 이 점을 잊지 말고 정답을 찾으려는 대
신에 포토샵과 친숙해지고 나만의 포토샵을 만들어 보세요.

포토샵에 필요한 컴퓨터?

#포토샵 권장 사양 #포토샵에 적합한 그래픽 카드 # 포토샵에 적합한 저장 장치 #게임용 PC #그래픽에 적합한 모니터 #IPS #VA #모니터 해상도 #FHD #QHD #UHD #듀얼 모니터 #다중 디스플레이 설정

그래픽 프로그램은 수많은 그래픽 연산을 요구하므로 컴퓨터 사양이 좋아야 합니다. PC는 크게 두뇌 역할을 하는 CPU, 여러 가지 장치를 연결하고 처리하도록 해주는 메인보드, 처리할 작업 용량을 확장시켜주는 메모리, PC에 전원을 연결해 주는 파워서플라이로 구성됩니다. 포토샵 사용 PC의 권장 사양은 펜티엄4 또는 AMD Athlom64(2GHz 이상), 메모리 1GB, 그래픽 카드는 16비트 사양 이상이면 작업을 할 수 있다지만 쾌적한 환경에서 작업하려면 보다 성능 좋은 PC 환경을 구축하는 것이 좋아요. 보통 운영체제는 윈도우 10, CPU는 인텔 코어 i5 계열 이상, 메모리는 8GB 이상을 사용하면 무난할 거예요.

포토샵 권장 사양

그리고 그래픽 작업 시 중요한 장치인 그래픽 카드는 그래픽 처리를 담당하는 장치로 PC에 장착해서 사용하는 부품입니다. 최근에 출시되는 PC는 그래픽 연산을 CPU와 메인보드에서 처리해 주기 때문에 별도의 그래픽 카드 장치가 없어도 PC를 사용할 수 있지만 보다 수월한 그래픽 작업을 하려면 그래픽 카드를 장착해서 사용하는 것이 좋아요. 그래픽 카드의 기능은 그래픽 처리를 담당하는 CPU인 GPU의 클럭 속도와 메모리 용량 및 처리 속도에 따라 달라집니다. GPU의 클럭 속도가 높을수록 그래픽 처리 속도가 빨라지고 메모리 용량이 크고 처리 속도가 빠를수록 한번에 작업할 용량을 키울 수 있어요. 그래픽 카드의 외형은 생각보다 외형이 묵직해요. 동작시 계란 프라이를 할 수 있을 정도로 높은 열이 발생하기 때문에 온도를 식히기 위한 큼지막한 팬이 달려있으며 뒤편에는 모니터와 연결할 수 있는 단자들도 여러 개 존재합니다. 그래픽 카드를 고르는 방법은 어떤 GPU 칩을 사용했는지로 구분하는데 보통 엔디비아나 라데온 칩을 사용하는 그래픽 카드를 이용하면 그래픽 작업을 하기에 무난합니다. 그래픽 카드를 보면 큰 글자로 사용된 칩 이름이 표시되어 있으니 내가 어떤 제품을 사용하는지 확인할 수 있어요. 당연히 좋은 성능의 그래픽 카드를 사용하면 좋겠지만 성능이 뛰어날수록 가격도 어마어마하게 올라가는 고가의 부품이기도 한답니다. 보통 엔디비아의 GTX 1060 급, 라데온 RX580

포토샵에 적합한
그래픽 카드

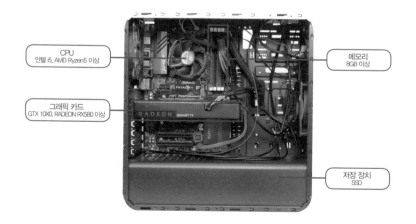

CPU
인텔 i5, AMD Ryzen5 이상

메모리
8GB 이상

그래픽 카드
GTX 10X0, RADEON RX580 이상

저장 장치
SSD

급 이상을 추천드립니다. 30만 원대 이상이므로 금액이 부담스
럽다면 그래픽 처리를 지원하는 그래픽 카드 내장형 메인보드
를 먼저 사용해 보고나서 필요에 따라 나중에 그래픽 카드를 구
매할지 결정하는 것도 좋아요.

그리고 저장 장치는 하드 디스크가 아닌 SSD를 사용하는 것 포토샵에 적합한
저장 장치
을 추천합니다. 하드 디스크가 자기 디스크에 자료를 기록하는
방식인 반면 SSD^{Solid State Drive}는 USB 메모리 카드처럼 메모리에
자료를 저장하기 때문에 처리 속도가 매우 빨라 포토샵을 보다
빠르게 실행시킬 수 있어요. 성능 좋은 CPU보다 성능 좋은 SSD
를 사용하는 것이 체감 속도가 더 빠를 수 있답니다. 대략 이 정
도 사양의 PC를 맞추면 포토샵을 사용하기에 적당합니다. 말은
쉽게 소개했지만 초보자들은 어떻게 컴퓨터를 맞추어야 할지
막막할 거예요. 일일이 부품을 구매해서 조립하기도 어려울 테
니까요. 속 편하게 컴퓨터를 잘 아는 지인과 상담하여 조립 전
문 업체에 의뢰해서 맞추도록 하세요. PC 환경은 때에 따라 기
술력이나 비용이 달라지므로 그 시기에 가장 대중적인 환경에
적합하게 맞추는 것이 좋습니다.

조립 PC가 아닌 노트북처럼 완제품 PC을 구매할 경우도 무엇
을 선택해야 할지 고민될 거예요. 요즘에는 그래픽용 컴퓨터가
따로 구분되어 있는 것을 찾아보기 힘들죠. 그래도 가장 비슷한

환경의 PC가 게임용 PC입니다. 게임용 PC는 그래픽 처리가 많 게임용 PC
은 게임을 최적으로 실행하기 위해 설정된 PC이기 때문에 그래
픽 작업용으로 무난하게 사용할 수 있습니다. 노트북도 슬림 하
고 가벼운 제품보다는 무겁지만 그래픽 처리가 빠른 게임용 노
트북을 사용하기를 권장합니다. 그래픽 작업용으로 노트북을
사용하려면 얇고 가벼운 노트북에 대한 꿈은 버리셔야 합니다.

초보자라면 운영체제도 애플 맥보다는 호환성이 우수한 MS
윈도우 PC를 사용하기를 추천합니다. 애플 맥은 운영체제 최적
화가 잘되어 있어서 효율이 높기 때문에 수많은 전문 디자이너
가 선호하는 장치이지만 운영체제 사용법이 MS와 달라 초보자
에게는 접근하기 다소 어려울 수 있기 때문이에요. 이러한 어려
움을 감수할 수 있다면 애플 맥 제품을 선택하는 것도 좋은 방
법입니다.

이번에는 디자이너들이 가장 까다롭게 고르는 장비인 모니터 그래픽에 적합한
모니터
에 대해서 알아보겠습니다. 모니터는 색을 출력하는 장치이니
만큼, 디자이너들이 욕심을 내서라도 더 좋은 제품을 마련하려
는 대표적인 장비입니다. 모니터는 화상
을 표시하는 패널을 어떤 것을 사용하는
가에 따라 몇 가지로 분류할 수 있습니
다. 디자인용으로 적합한 패널은 IPS나
VA 계열이에요. IPS 패널은 색상 표현이

우수하지만 가격이 비싸고 VA 계열의 모니터는 명암비 표현이 IPS
VA 우수하고 가격이 저렴하지만 응답 속도가 느려 잔상이 발생하는 단점을 가지고 있어요. 느린 응답 속도를 개선한 PVA 패널도 디자인용으로 적합합니다.

　모니터를 선택할 때 두 번째로 중요한 부분은 크기와 해상도 모니터 해상도 입니다. 모니터 크기는 화면의 대각선 길이를 인치ᵐ단위로 표시하는데 보통 27~32인치 정도의 크기를 선택하면 적당합니다. 해상도는 모니터 화면에 표시할 수 있는 작은 점의 개수를 말하는 것으로 표현할 수 있는 점이 많을수록 더욱 선명하고 많은 내용을 담을 수 있어요. 모니터에는 다양한 크기의 해상도를 지원하지만 최적 해상도에서 화면을 깔끔하게 볼 수 있기 때문에 모니터에서 제공하는 최적 해상도를 확인하고 나에게 맞는 제품을 구매해야 합니다. 보급형 모니터는 대부분 FHD(1920×1080 FHD
QHD
UHD 픽셀)을 제공하며 디자이너 전문가용 제품은 QHD(2560×1440

| DP 단자 | D-SUB 단자 | DVI 단자 | HDMI 단자 |

HDMI 포트　　DP 포트　　　　DVI 포트　　　　D-SUB포트

픽셀)을 제공합니다. 40인치의 큰 모니터나 고급형 제품에는 UHD(3840×2160 픽셀)을 제공합니다. FHD, QHD, UHD는 모니터가 지원하는 해상도 크기에 따른 명칭이에요. 예를 들어 QHD 모니터란 가로 2560 픽셀, 세로 1440 픽셀을 지원하는 모니터임을 알 수 있죠. 해상도가 높을수록 그래픽 처리할 내용도 많아지므로 그래픽 카드도 더 좋은 제품을 사용하는 것이 좋습니다.

요즘 출시되는 PC는 여러 개의 모니터를 연결하여 함께 사용 듀얼 모니터 할 수 있습니다. 특히 디자인 작업을 할 때 유용해요. 한 쪽에는 그래픽 프로그램을, 다른 쪽에는 이미지 목록을 열어두고 작업하면 창을 열고 닫는 작업이 줄어 작업 속도가 올라갑니다. 이러한 장점이 있기 때문에 듀얼 모니터의 매력에 빠지면 헤어날 수 없게 돼요.

UHD를 지원하는 모니터는 DP 포트를 지원한다. 반드시 그래픽카드와 DP 포트로 연결해야만 UHD 해상도를 이용할 수 있다.

듀얼 모니터를 이용하려면 그래픽 카드에 모니터를 여러 개를 연결할 수 있도록 그래픽 카드에 다수의 그래픽 포트가 장착되어 있어야 합니다. 보통 2개부터 많은 경우에는 4개까지 연결할 수 있도록 구성되어 있으며 지원하는 그래픽 포트 종류도 다양합니다. 가장 일반적으로 많이 사용하는 포트는 HDMI로 대부분의 그래픽 카드에 존재하는 포트예요. 이외에 UHD 모니터에 연결할 때 사용하는 DP 포트와 구형 모니터 출력용인 15핀 포트 등이 있습니다. 가급적 HDMI 포트로 연결하고 모니터가 DP를 지원한다면 DP 포트로 연결하도록 하세요. 4K를 지원하는 모니터를 사용할 경우에는 반드시 DP 포트로 연결해야 한답니다.

듀얼 모니터를 연결할 때는 사용자가 편하게 바라보는 쪽에 좀 더 좋은 모니터를 배치합시다. 가능하다면 같은 크기에 같은 제품의 모니터로 통일하는 편이 제일 좋답니다.

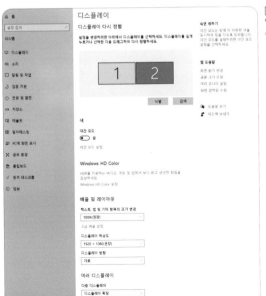

[디스플레이] 메뉴에서 듀얼 모니터 환경을 설정할 수 있다.

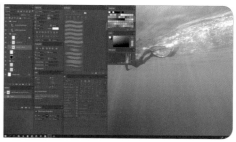

[확장]으로 듀얼 모니터를 설정한 경우. 패널을 한쪽 모니터로 옮겨 놓으면 보다 넓고 편하게 작업할 수 있다.

[복제]로 듀얼 모니터를 설정한 경우. 양쪽 모두 동일하게 화면이 열린다. 한쪽 모니터를 다른 사람에게 보여주고 싶을 때 사용한다.

모니터를 연결했다면 듀얼 모니터를 어떻게 사용할지 윈도우에서 설정해 주어야 합니다. 윈도우의 [설정]에서 [시스템]-[디스플레이]에 접속한 후 [다중 디스플레이] 항목에서 '확장'을 선택하면 여러 개의 모니터를 하나의 모니터처럼 연결해서 크게 사용할 수 있고, '복제'를 선택하면 선택한 모니터의 화면을 동일하게 나타나게 만들 수 있습니다. 보통 [확장] 옵션을 이용하여 화면을 넓게 사용합니다. 포토샵을 사용할 경우 포토샵의 수많은 패널을 오른쪽 모니터로 옮겨 놓으면 훨씬 쾌적하게 작업할 수 있을 거예요.

다중 디스플레이 설정

포토샵 어떻게 구매하나?

#포토샵 구매 #사용 용도 선택 #저작권 #플랜 서비스 #무료 체험판 사용

컴퓨터가 준비되었다면 이제 포토샵 프로그램을 구해야겠죠. 방법은 간단해요. PC를 통해 구매와 설치까지 앉은자리에서 해결할 수 있거든요. 예전에는 프로그램을 CD에 담아 패키지로 판매했지만 어도비 CC 버전으로 바뀐 후부터는 다운로드 방식으로 변경되었기 때문이지요. 프로그램 종류도 예전처럼 다양한 버전이 존재하지 않고 Adobe CC 버전만 존재합니다.

포토샵 프로그램을 구매하려면 [어도비] 홈페이지(http://www.adobe.com/kr)에 접속합니다. [크리에이티비티 및 디자인] 메뉴를 클릭하고 밑에 있는 [모든 플랜 및 가격 보기]를 클릭합니다. 여기서는 어도비에서 지원하는 모든 프로그램과 비용을 확인할 수 있어요.

포토샵 구매

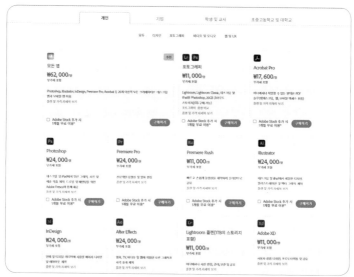

어도비에서 [개인] 용도로 제공하는 프로그램들

먼저 프로그램 사용 용도를 선택해야 합니다. 상단 탭에서 상 사용용도선택 업적인 목적이 아닌 개인 작업용으로 이용할 경우 [개인] 탭을 클릭하고, 회사에서 상업용 목적으로 이용할 경우 [기업] 탭을, 학교에서 교육 목적으로 사용할 경우 [학생 및 교사], [초중고 등학교 및 대학교] 탭을 클릭합니다. 개인용과 상업용은 요금 차이가 커요. 무조건 개인용을 사용하면 좋겠지만 용도에 맞지 않은 프로그램을 구매할 경우 라이선스 권리를 보장받지 못하 저작권 며 저작권 침해에 위배되어 피해를 볼 수 있어요. '뭐 단속에 걸 리겠어!'라는 안일한 생각을 가지면 큰코 다칩니다. 생각 이상 으로 프로그램 저작권 단속이 잦고 생각 이상으로 단속에 적발 되는 사례도 많다는 점 잊지 마세요.

어도비 CC는 특별히 버전은 없지만 수시로 업데이트된다. 그리고 '어도비 CC 2020'와 같이 연도로 표시되는 릴리 즈 번호로 구분한다. 릴리즈 번호는 [Help]-[About Photoshop] 메뉴를 클릭해서 확인할 수 있다.

어도비에서 [기업] 용도에서 제공하는 프로그램들. [단일 앱]을 선택하면 구매하고 싶은 프로그램을 선택해서 구매할 수 있다.

　용도를 선택했으면 구매할 앱을 선택할 수 있어요. [개인] 탭을 보면 프로그램마다 가격이 명시되어 있는데 포토샵에 해당하는 항목은 [모든 앱]과 [포토그래피]와 [Photoshop]이 있습니다. [포토그래피]는 포토샵뿐만 아니라 전문 사진 보정 프로그램인 [라이트룸]을 함께 제공하고 [Photoshop]은 포토샵만 제공합니다. 라이트룸을 제공하지 않는데도 불구하고 [Photoshop]이 사용료가 비싼 이유는 온라인 저장 공간인 스토리지를 [포토그래피]는 20GB를 제공하지만 [Photoshop]은 [포토그래피]보다 5배나 많은 1TB나 제공하기 때문이랍니다. 인터넷 공간에 자료를 저장하는 웹하드 서비스를 많이 사용하지 않는다면 [포토그래피]를 선택하고 포토샵 이외에 일러스트레이터나 프리미어 등의 프로그램도 함께 이용한다면 [모든 앱]을 선택하는 것이 경제적입니다. [개인용]과 [학생 및 교사],

포토샵은 사진을 자르고 붙이고 합성하는 등의 편집하는 기능에 최적화되어 있고 라이트룸은 카메라로 촬영한 사진의 색감을 보정하고 관리하는 데 최적화되어 있다.

[초중고등학교 및 대학교]는 부가세 포함된 금액이지만 [기업]은 비과세 별도이므로 사용료에 10% 추가된 금액을 결제해야 한다는 점도 알아두세요.

마지막으로 한 가지 더 알아 두어야 할 점이 있어요. 결제할 때 어도비에서 제공하는 플랜 서비스를 선택해야 합니다. 플랜은 크게 연간 플랜과 월간 플랜으로 나눠져 있어요. 연간 플랜은 1년간 서비스를 이용하는 대신 조금 저렴한 금액으로 제공하는 것이고, 월간 플랜은 정가로 구매하는 대신 월별로 취소가 가능한 서비스입니다. 연간 플랜은 가입 후 1년 이내에 취소하면 위약금이 발생하게 되므로 사용 용도에 맞게 신청해야 되겠죠.

플랜 서비스

'난 그래도 구매하기 전에 무료로 체험하고 싶다'면 어도비에서 제공하는 무료 체험판을 이용해 보세요. [어도비] 홈페이지에서 [무료로 시작하기]를 클릭하면 7일간 무료로 이용할 수 있는 신청 화면이 나타나는데 여기에 기본 정보와 결제 정보를 입력하면 됩니다. 무료 사용 기간이 지나면 등록해둔 결제 정보로 자동으로 결제되므로 무료 기간에만 이용하려면 잊지 말고 7일 이내에 구독을 취소해야 합니다. 취소하는 방법은 로그인 정보에 접속한 후 [플랜 관리]-[플랜 취소]를 선택하면 됩니다.

무료 체험 사용

포토샵과 일러스트레이터 어떻게 다른가?

#포토샵 원리 #픽셀 #비트맵 #일러스트레이터 원리 #포토샵과 일러스트레이터 연동

포토샵과 일러스트레이터 편집 화면

　　포토샵과 일러스트레이터는 디자이너들이 애용하는 대표적인 프로그램이에요. 두 개의 프로그램은 서로 성격이 다르면서도 비슷한 부분도 있어서 사용자마다 선호하는 프로그램이 다릅니다. 사진 편집이나 홈페이지 디자인 작업이 많은 분은 포토샵을 선호하고, 캐릭터 디자인·광고물·편집 디자이너들은 일러스트레이터를 선호하는 편입니다. 그럼 두 프로그램이 서로 비슷한 프로그램이 아니냐고 생각하는 분도 있을 텐데 그렇지는 않답니다. 그럼 각 프로그램이 어떤 차이가 있는지 알아볼게요. 조금 어려울 수도 있지만 특징을 이해하는 것은 매우 중요하므로 잘 알아두도록 하세요.

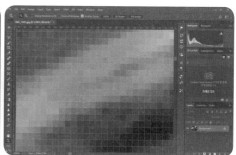

포토샵에서 불러 온 이미지를 확대하면 정사각형의 점으로 구성된 것을 볼 수 있다.

디지털카메라로 촬영한 이미지는 보통 JPG나 TIF 파일 형식 포토샵 원리
으로 저장되는데 이러한 이미지를 포토샵으로 불러와서 확대
해 보면 수많은 점으로 채워져 있는 것을 볼 수 있어요. 이 작은
점을 픽셀Pixel 이라고 부르는데 포토샵은 이러한 픽셀을 수정해 픽셀→39p
서 이미지를 편집하는 프로그램입니다. 이와 같이 픽셀로 구성
되어 있는 이미지를 비트맵(Bitmap)이라고 하고 비트맵을 편집 비트맵
하는 포토샵을 비트맵 편집기라고도 부른답니다.

비트맵에 대한 예를 들어 볼게요. 인터넷 이미지 검색을 하다
보면 이미지가 깨끗하지 않고 뿌옇게 보이는 경우를 볼 수 있을
거예요. 이는 이미지 크기를 원래의 크기보다 임의로 확대시켜
이미지를 구성하는 점과 점 사이 공간이 발생하여 이미지가 뿌
옇게 되는 이미지 손실이 발생했기 때문에 생기는 문제예요. 비
트맵은 픽셀로 구성되어 있어 픽셀과 픽셀 사이 공간이 발생하
면 화질 손실이 생기는 문제를 안고 있답니다. 그래서 이미지를

원래의 크기보다 확대하는 작업은 가능한 하지 않는 것이 좋아요. 그러면 포토샵으로 현수막처럼 큰 작업물을 제작하려면 어떻게 해야 할까요. 이미지를 작게 만든 후 현수막 크기만큼 확대해서 사용하면 좋을 텐데 그렇게 작업할 수 없다 보니 현수막 크기만 한 큰 문서에 작업해야 해요. 큰 문서에 채워지는 픽셀 수도 만만치 않겠죠. 파일 크기도 어마어마할 거고요. 이렇게 무거운 파일을 포토샵으로 편집하려면 그만큼 PC도 성능이 좋아야 할 거예요. 이러한 문제가 있기 때문에 포토샵은 큰 인쇄물 작업보다는 이미지 편집 작업이나 홈페이지 제작, 적당한 크기의 포스터 제작 등을 할 때 주로 사용한답니다. 다시 정리하자면 포토샵은 대표적인 비트맵 편집기로 우리가 흔히 접하는 사진 이미지를 편집할 수 있으며 일러스트레이터보다 사용하기 편리하기 때문에 대중적으로 많이 사용하는 그래픽 편집 프로그램입니다.

반면 일러스트레이터는 포토샵과는 완전히 다른 환경을 가지고 있어요. 포토샵처럼 픽셀로 구성된 이미지를 처리할 수 없어요. 대신 점과 선으로 구성한 벡터 방식으로 구성된 이미지를 편집할 수 있답니다. 갑자기 벡터라는 용어가 나오니까 어렵게 느껴지죠. 그러나 우리는 고등학교 때 이미 벡터라는 단어를 들어봤답니다. 수학 시간에 벡터에 대해서 공부한 기억이 나실 거예요. 벡터가 무엇이었는지 기억을 한번 되살려 보세요. 크기

일러스트레이터 원리

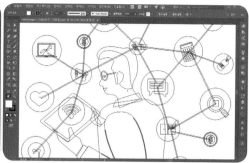

일러스트레이터는 점과 선으로 면을 구성하여 이미지를 구성한다.

와 방향성을 갖는 물리량을 나타내는 데 사용하는 기하학적 대
상이라고 사전에 나와있네요. 어렴풋이 기억이 나시나요? 그래
도 잘 이해가 안 가시죠. 선 그리기를 예를 들어 벡터 원리에 맞
추어서 설명해 볼게요. 선을 그리기 위해서 시작점과 끝점에 두
개의 점을 찍습니다. 벡터의 원리는 힘과 방향이라고 했으니 시
작점에서 끝점까지 선을 연결하려면 시작점에서는 끝점을 향
해 방향을 지정해야 하고 거기까지 도달할 만한 힘을 주어야 하
겠죠. 이러한 조건이 맞으면 끝점까지 도달한 선을 만들 수 있
게 됩니다. 그게 뭐냐구요? 벡터의 묘미는 그다음에 있답니다.
이번에는 시작점에 지정한 방향과 힘을 변경해볼게요. 시작점
에서 끝점으로 향해 있는 방향을 조금 틀어 보면 직선은 방향을
튼 것만큼 휘어서 곡선으로 만들어질 거예요. 그리고 힘도 좀
세게 높이면 시작 부분은 완만한 선으로 시작하고 뒤에서 급격
하게 휘어지는 곡선이 만들어집니다. 이러한 방법으로 여러 개
의 도형을 이용하면 다양한 그림을 그릴 수 있을 거예요. 일러
스트레이터는 포토샵과 달리 이러한 원리를 이용하여 점과 선

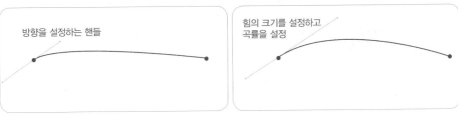

일러스트레이터는 방향을 지정하는 핸들을 조절하여 방향을 변경하고 핸들의 길이를 조절하여 힘의 크기를 설정한다.

을 이용하여 이미지를 구성한답니다. 그래서 일러스트레이터로 만든 이미지는 윤곽선 보기를 실행하면 점과 선으로 구성된 모습을 볼 수 있어요.

자! 이번엔 다른 생각을 해볼게요. 앞에서 설명한 방법으로 그린 원이 있다고 가정해 볼게요. 원을 구성하는 점의 위치를 도형 바깥쪽으로 이동하면 어떻게 될까요? 점의 간격을 보다 넓게 띄우면 점에 연결된 선도 함께 늘어나서 원의 크기도 커지게 될 거예요. 이렇게 구성된 벡터 이미지는 점과 선의 정보만을 가지고 있기 때문에 점의 위치를 마음대로 조절한다고 해서 보이는 이미지 자체가 훼손되지는 않게 됩니다. 그래서 벡터 방식을 이용하는 일러스트레이터는 큰 크기의 이미지가 필요한 대형 인쇄물 작업할 때 많이 사용합니다. 인쇄물의 내용을 작은 크기로 작업한 후 인쇄할 크기에 맞게 확대하더라도 이미지 손실 없이 선명한 인쇄물을 얻을 수 있기 때문이에요. 그러므로 북 디자인 등 인쇄물 작업할 때나 결과물을 확대할 필요가 있는 캐릭터 디자인, 회사 로고 디자인 등에 많이 사용합니다.

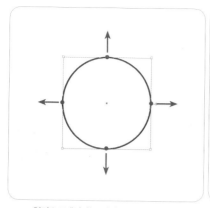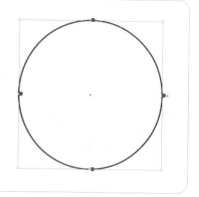

일러스트레이터는 점의 위치를 이동하여 형태의 확대 및 축소할 수 있으며 픽셀을 이용하지 않기 때문에 화질이 떨어지는 일이 발생하지 않는다.

포토샵과 일러스트레이터의 특징을 간략하게 알아보았습니다. 각 프로그램마다 사용 목적이 다르다는 것을 알 수 있겠죠. 요즘에는 포토샵에서도 일부 벡터 편집을 할 수 있고 일러스트레이터에서도 일부 비트맵 편집이 가능해져 상호 보완이 가능한 관계로 발전하고 있어요. 그래서 많은 디자이너들이 포토샵과 일러스트레이터를 함께 쓰고 있답니다. 포토샵으로 디지털 카메라로 촬영한 이미지를 편집하고 편집된 이미지를 일러스트레이터로 불러온 다음 벡터 방식으로 글자를 삽입해서 꾸민 후 인쇄물로 저장하거나, 일러스트레이터로 그린 캐릭터 이미지를 포토샵으로 불러온 다음 비트맵 이미지와 함께 어울리도록 꾸민 후 웹용으로 저장하는 등 두 가지 프로그램을 필요에 따라 혼용해서 작업합니다.

1. 포토샵으로 이미지를 편집한다.

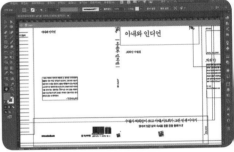

2. 포토샵에서 작업한 이미지를 일러스트레이터로 불러 온 후 글자를 입력해서 꾸민다.

　　디자이너가 되려면 이 두 가지 프로그램을 모두 사용할 줄 알
아야 하지만 일상적인 목적으로 사용하는 것이라면 포토샵만
으로도 충분하실 거예요.

포토샵에서 일러스트레이터로 가져올 이미지를 선택한 후 [Ctrl]+[C]를 눌러 복사한 후 일러스트레이터에서 이미지
를 불러올 문서를 선택하고 [Ctrl]+[V]를 누르면 이미지를 손쉽게 가져올 수 있다.

인쇄용과 웹용 개념 알기

#[새로 만들기 문서] 창 #이미지 크기 #밀리미터 #절대 단위 #픽셀 #모니터 해상도 #상
대 단위 #인쇄용과 웹용 차이 #resolution #웹용 새 문서 열기 #color mode #RGB
#CMYK #아트보드 #인쇄용 새 문서 열기

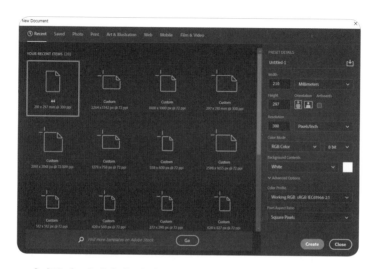

여러분이 이제까지 다뤄보았던 프로그램들을 돌이켜보면 새
문서를 열고 저장하고 불러오고 하는 기본 방식은 서로 비슷
하다는 것을 알 수 있을거예요. 포토샵도 크게 다르지 않아요.
[File] 메뉴에서 [New]를 클릭해서 열면 된답니다. 그러면 무지
복잡해 보이는 [새로 만들기 문서] 창이 열리게 되죠. 이곳은   [새로만들기
문서]창
사용자가 좀 더 쉽게 설정할 수 있도록 자주 사용하는 새 문서
스타일을 목록별로 구분해놓은 창입니다. 쉽게 사용하라고 만
든 것인데 아이러니하게도 더 어려워 보이죠? 포토샵을 잘 이
해하고 있다면 무엇을 선택할지 잘 알 수 있지만 초보자라면 시
작도 하기 전에 혼란스러울 거예요. 어렵다는 생각을 버리시면

[Edit]–[Preferences]–[General] 메뉴에서 [Use Legacy "New Document" Interface] 항목을 체크하면 새로 만들기
문서 창이 가로와 세로 크기만 입력해서 설정해주는 간단한 방식으로 변경된다.

생각 외로 사용 방법은 간단하답니다. 인쇄용으로 사용할 목적이라면 [Print] 탭을 선택하고, 웹페이지나 일반 작업용으로 이용할 것이라면 [Web] 탭에서 선택하면 됩니다. 무슨 말인지 모르겠다고요? 두 차이점을 이해하려면 몇가지 정보만 알고 있으면 돼요. 인쇄란 작업한 이미지를 종이에 프린팅 하는 작업을 말하지만 사실 단순히 인쇄한다는 의미보다는 작업한 이미지 품질의 손실 없이 종이에도 똑같이 인쇄되어야 한다는 것을 의미해요. 실제로 이미지가 들어간 문서를 인쇄해보면 모니터 화면에서는 깨끗하게 보였는데 막상 인쇄해보면 이미지가 선명하지 않은 경험을 한 번쯤은 겪어 보셨을 거예요. 이러한 문제는 이미지 품질과 인쇄 품질이 맞지 않았기 때문에 생기는 문제입니다. 이러한 문제를 줄이기 위해 인쇄 품질에 맞게 옵션을 미리 설정해둔 목록들을 [Print] 탭에서 선택할 수 있답니다. 조금은 이해가 되셨나요. 좀 더 자세하게 알기 위해서 이미지 크기와 단위에 대해서 설명해 볼게요.

먼저 이미지 크기에 대해서 알아보겠습니다. 이미지 크기란 이미지가 얼마나 큰 공간을 가지고 있는지 크기를 지정하는 것으로 보통 이미지의 가로 길이와 세로 길이를 '×' 기호를 사용하여 나열해서 표시합니다. 예를 들어 400px×200px 이란 가로로 400px, 세로로 200px 크기의 이미지를 말합니다. px은 크기를 지정하는 단위 중 하나로 '픽셀'이라고 읽습니다. 픽셀이란 단위가 무엇인지 알아야 크기를 가늠할 수 있겠죠. 픽셀의 크기

이미지 크기

같은 크기의 모니터에서 왼쪽은 1920×1080px, 오른쪽은 1360×768px 해상도로 [네이버] 홈
페이지를 열었을 때 화면 비율

를 알아보기 전에 그래픽 프로그램에서 사용하는 단위에 대해
서 알아볼게요. 보통 성격에 따라 크게 인쇄용과 웹용으로 나눌
수 있어요. 인쇄용으로 사용할 경우에는 보통 밀리미터㎜를 기
본 단위로 사용합니다. 밀리미터나 센티미터, 미터 등은 크기가
상황에 따라 변하지 않고 고정되어 있는 크기이지요. 그래서 절
대 단위라고 부릅니다.

밀리미터

절대단위

　반대로 웹용은 절대적인 수치를 이용할 수 없답니다. 웹용은
결과물을 모니터를 통해서 보게 되는데 문제는 모니터에서 표
현할 수 있는 이미지 크기가 서로 다르다는 거예요. 예를 들어
27인치 모니터라고 해서 모든 27인치 모니터에서 보이는 화면
의 크기가 같지 않답니다. 그 이유는 모니터 액정을 구성하는
작은 점의 크기에 따라 같은 크기의 모니터라도 보이는 이미지
크기가 다르기 때문이예요. 이처럼 화면을 구성하는 가장 작은
사각형 모양의 점을 픽셀pixel이라고 말하는데 픽셀은 크기가 정
해져 있지 않답니다. 어떤 27인치 모니터는 픽셀 크기가 작아서

픽셀

한 화면이 많은 이미지를 표시할 수있는 반면 어떤 27인치 모니터는 픽셀 크기가 커서 상대적으로 적은 이미지만 표시할 수 있답니다. 모니터 크기는 모니터를 채우는 가로와 세로의 픽셀 수를 '×' 기호를 사용하여 표시하는데 이를 모니터 해상도라고 불러요. 예를 들어 해상도가 1920×1080px이면 가로로 1920개의 점, 세로로 1080개의 점까지 표현할 수 있다는 것을 의미입니다. 그리고 같은 크기의 모니터여도 해상도가 다르기 때문에 어떤 모니터는 해상도가 1024×768이고 어떤 모니터는 1440×900 일 수도 있다는 거죠. 이러한 차이 때문에 크기가 같은 모니터라고 하더라도 화면에 보이는 크기는 완전히 다를 수 있어요. 그래서 픽셀은 고정된 크기를 가지고 있지 않기 때문에 상대 단위라고 부릅니다. 이젠 인쇄용과 웹용의 문서 크기가 어떤 차이가 있는지 알 수 있겠죠.

모니터 해상도

상대 단위

[Resolution]을 '72'로 설정한 이미지를 [Resolution]을 '300'으로 변경한 경우 이미지 크기 차이 [Resolution]의 수치를 높이면 그만큼 픽셀의 공간이 넓어지므로 화질은 떨어집니다.

그럼 이번에는 이러한 문제를 생각해 보겠습니다. 내가 작업하는 이미지를 인쇄용으로 최적화해서 만들려면 어떻게 해야 할까? 앞에서 설명한 대로 인쇄용과 웹용의 차이가 있기 때문에 웹용으로 작업한 이미지를 인쇄용으로 사용하려면 어떤 규칙을 지켜야 하는데 그것이 바로 [Resolution]입니다. [Resolution]은 가로 세로 1인치 크기 안에 픽셀이 몇 개가 있는지를 수치로 표시하는 단위입니다. 이 단위를 이용하여 크기가 정해져 있지 않은 픽셀의 크기를 대략적인 크기로 설정할 수 있습니다. 보통 웹용은 [Resolution]이 72 pixel/Inch이고 인쇄용은 300 pixel/Inch로 설정합니다. 이 말은 웹용으로 작업한 이미지를 인쇄용으로 변환하려면 [Resolution]을 72에서 300 pixel/Inch로, 이미지 크기 단위도 픽셀에서 밀리미터로 바꿔줘야 한단 뜻이에요. 결국 웹용과 인쇄용 [Resolution]은 서로 약 4배 차이가 나므로 이미지 크기도 4배의 차이를 갖게 되는 거죠. 인

인쇄용과 웹용 차이

resolution

[새로 만들기]의 [Web] 탭 화면

상황에 따라 웹용 [Resolution]은 92 pixel/Inch, 인쇄용은 250 pixel/Inch로 사용하기도 한다.

쇄용으로 사용할 경우 웹용의 4배 이상의 크기가 필요함을 의미한답니다.

이렇게 해서 이미지 단위와 [Resolution]의 특징에 대해서 알아보았습니다. 다시 [새로 만들기 문서] 창으로 돌아와서 [Print] 탭을 클릭해 봅니다. 이 탭에는 밀리미터나 인치 단위 및 300 pixel/Inch 해상도로 설정되어 있는 목록이 펼쳐져 있습니다. [Web] 탭을 클릭해보면 픽셀 단위에 72 pixel/Inch 해상도로 설정되어 있는 목록이 보일 것입니다. 원하는 탭에서 작업할 이미지 크기를 선택해서 해당 크기의 문서를 열 수 있습니다.

좀 이해가 되셨나요. 그러면 앞에서 설명한 내용을 토대로 간단하게 사진 편집이나 홈페이지 제작 등 일반적인 작업과 인쇄 작업에서 각각 새 문서 옵션을 어떻게 설정하는지 알아보겠습니다. 일반적인 작업인 경우 [Web] 탭을 클릭한 후 [Width] 항목에는 새 문서의 가로 길이, [Height]는 세로 길이를 픽셀 단

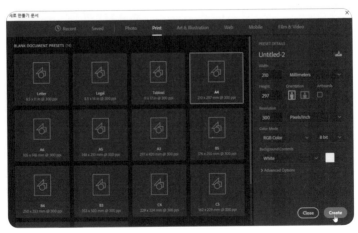

[새로 만들기]의 [Print] 탭 화면

웹용 새 문서 열기

위로 입력합니다. [Resolution]은 '72', [Color Mode]에는 [RGB Color], 새 문서의 배경색을 지정하는 [Backgroud Contents] 항목에는 [White] 인지 확인하고 [Create] 버튼을 클릭해서 문서를 만듭니다. [Color Mode]는 색을 구성하는 방식을 선택하는 옵션입니다. 모니터는 패널에 빛을 쏘아 색을 구성하기 때문에 빛의 3원색인 RGB 컬러를 사용하고 인쇄용은 물감을 섞어서 색을 구성하기 때문에 색의 4원색인 CMYK 컬러를 사용합니다. 전문적인 출력물 작업인 경우는 [CMYK]로 설정하지만 일반적인 작업 시에는 대부분 [RGB]로 설정합니다. 그리고 [Web] 탭에서 제공하는 목록은 모두 [Artboards] 항목이 체크되어 있어서 문서를 만들면 아트보드 형으로 만들어 집니다. 만일 아트보드가 아닌 일반 작업용으로 작업하려면 [Artboards] 항목을 클릭해서 체크를 해제하도록 합니다.

color mode

RGB

CMYK

아트보드
→61p

  인쇄 작업 시에는 [새로 만들기 문서] 창에서 [Print] 탭을 클릭한 후 목록에서 작업에 적합한 크기를 선택하거나 [Width]와 [Height] 항목에 새 문서의 가로와 세로 길이를 입력합니다. 단위가 인치Inches로 설정되어 있다면 밀리미터mm로 바꾸어서 설정합니다. 전문가들은 대부분 밀리미터 단위를 기본으로 사용하기 때문에 가급적 밀리미터 단위에 익숙해는 것이 좋습니다. [Resolution]은 '300', [Color Mode]에는 [CMYK Color], 새 문서의 배경색을 지정하는 [Backgroud Contents] 항목에는 [White] 인지 확인하고 [Create] 버튼을 클릭해서 문서를 만듭니다.

인쇄용 새 문서 열기

포토샵 화면 분석하기

#문서탭 #룰러 표시 #룰러 단위 변경 #Workspace

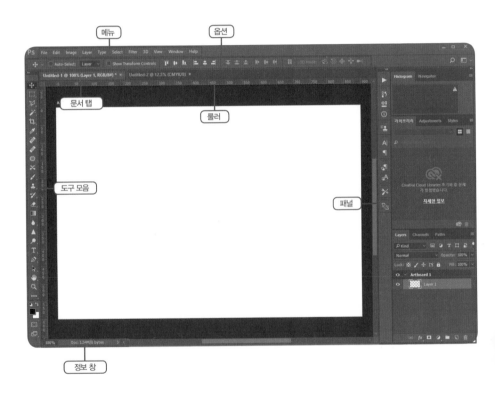

대부분의 프로그램 화면이 복잡한 형태를 가지고 있듯이 포토샵도 많은 창으로 구성되어 있어요. 복잡해 보이지만 그래도 다른 그래픽 편집 프로그램에 비하면 단순한 편이랍니다. 포토샵은 어떤 구성을 가지고 있는지 살펴볼까요?

포토샵을 실행한 후 새 문서를 열면 화면에 작업창이 열리고 여러 개의 도구와 패널이 즐비하게 표시됩니다. 작업창 상단에는 메뉴 목록이 있고 바로 밑에는 선택한 메뉴에 대한 옵션을 설정할 수 있는 옵션 막대가 위치해 있어요. 그리고 작업창 왼쪽에는 편집 작업에서 자주 사용되는 도구들을 아이콘 모양으로 모아둔 도구 모음이 있고 오른쪽에는 작업 상태를 확인하거나 옵션을 설정할 수 있는 패널들이 배치되어 있습니다.

이번에는 작업창을 살펴볼까요. 기본적으로 새 문서를 열면 작업창 상단에 파일명이 표시되어 있는 탭 형태로 구성되어 있어서 여러 개의 작업창을 열려 있을 때 해당 작업창의 탭을 클릭해서 문서를 열어 볼 수 있어요. 탭에는 파일명과 작업창의 ^{문서탭} 확대 비율, 컬러 모드가 표시되어 있어 작업 상태를 간략하게 확인할 수 있답니다. 확대 비율이 100%이면 실제 크기이고 돋보기 도구로 작업을 확대하거나 축소하면 현재 보이는 확대 비율이 표시됩니다. 컬러 모드는 작업창에 설정된 컬러 모드를 표

Untitled-1 @ 100% (Layer 1, RGB/8#) * ×   Untitled-2 @ 12.5% (CMYK/8) ×

|0 |50 |100 |150 |200 |250 |300 |350

파일명, 확대 비율, 선택한 레이어 이름, 컬러 모드, 저장 상태

시하는 것으로 웹용이면 RGB, 인쇄용이면 CMYK으로 표시됩니다. 그리고 탭 오른쪽 끝에는 * 표시가 되어 있는 경우를 볼 수 있는데 이 표시는 현재 작업창에 수정 사항이 있을 경우에만 나타납니다. 이 표시를 통해 수정했는지 수정하지 않았는지 확인할 수 있으며 문서를 저장하면 * 표시는 사라집니다. 문서 탭 오른쪽에 있는 [X]는 종료 버튼으로 이 버튼을 클릭해서 해당 작업창을 닫을 수 있어요.

작업창에 룰러를 표시할 수 있는 기능이 있습니다. 룰러를 표시하면 디자인한 요소의 크기를 확인할 때 편리하답니다. 룰러를 표시하는 방법은 [View] 메뉴에서 [Rulers]를 클릭하면 작업창 위와 왼쪽에 룰러가 표시되고 룰러를 오른쪽 클릭하면 나타나는 단위 목록에서 현재 설정된 단위가 무엇인지 확인하거나 다른 단위로 변경할 수 있습니다.

룰러표시

룰러단위변경

작업창 오른쪽에는 여러 개의 패널이 즐비하게 나열되어 있습니다. 포토샵에서 제공하는 수많은 패널 중에 자주 사용하는 패널들만 배치되어 있는데 작업 환경에 맞추어 패널을 바꿀 수 있습니다. 화

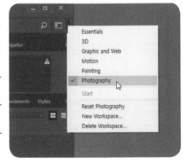

[Ctrl]+[R] 키를 눌러 룰러를 보이게 하거나 감출 수 있다.

면 오른쪽 상단에 위치해 있는  모양의 아이콘을 클릭하면 나타나는 목록에서 적당한 작업 환경을 선택합니다. 이를 워크스페이스Workspace라고 하는데 워크스페이스를 변경하면 선택 Workspace 한 항목에 맞게 패널 구조가 바뀌게 됩니다. 처음에는 [Painting]을 선택해서 사용하기를 권장합니다. 포토샵 사용에 익숙해지면 다른 작업 환경도 선택해보면서 나에게 맞는 환경을 만들어 봅니다. 선택한 워크스페이스마다 도구 모음의 구성도 달라집니다. 만약 왼쪽에 위치해 있는 도구 모음에 특정 도구가 없다면 도구 모음 밑단에 보면 모양의 아이콘이 있는데 이 아이콘을 길게 누르세요. 도구 모음에 표시되지 못한 도구 모음들 목록이 나타나는데 이곳에서 사용하고 싶은 목록을 선택해서 해당 위치에 도구 모음을 추가해서 사용할 수 있어요. 언제든지 같은 방법으로 다른 도구 모음으로 변경할 수도 있답니다.

이번에는 작업창 좌측 하단을 살펴볼게요. 이곳에는 작은 정보창 두 개가 표시되어 있습니다. 왼쪽에는 작업창 확대 비율이, 오른쪽에는 작업창의 파일 크기가 표시되어 있어 사용자가 한눈에 보고 싶은 정보를 선택해서 표시할 수 있습니다. 정보창 오른쪽에 있는 [>] 버튼을 클릭하면 여러 가지 목록이 나타나는데 이곳에서 표시하고 싶은 목록을 선택해서 변경할 수 있습니다.

도구 모음 왼쪽 상단에 위치해 있는 [>>] 아이콘을 클릭하면 도구 모음을 두 줄로 펼쳐 볼 수 있다.

이미지도 종류가 있다!

#이미지 파일 형식 #확장자 이름 #BMP #JPG #GIF #PNG #TIF #PSD #PDF #EPS #AI
#[Open] #[Open As]

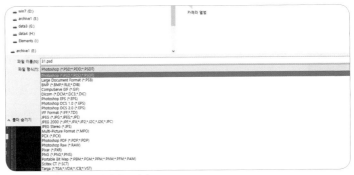

이미지 저장시 파일 형식 선택하는 장면

　　이미지 파일이란 PC에서 이미지의 모습을 볼 수 있도록 규정
한 이미지 데이터를 말하는 것으로 사용 목적에 따라 종류도 다
양합니다. 이미지가 어떤 성격을 가지고 있는가는 어떤 파일 형
식으로 저장되어 있는가에 따라 정해진답니다. 이미지 종류는
확장자 또는 파일 형식이라고 불리는 파일 이름 옆에 마침표 다　　이미지 파일 형식
음에 표시되는 이름으로 구분돼요. 무척 많은 이미지 파일 형
식들이 존재하는데 이 중에서 JPG, PNG, GIF, TIF 등이 가장 많
이 사용되고 있어요. 만일 'O.jpg' 이름의 이미지 파일이 있다
면 이 파일은 JPG 파일 형식의 성격을 가지고 있는 이미지임을

알 수 있답니다. 이러한 JPG, PNG, GIF, TIF와 같은 확장자 이름은 어떤 특징을 가지고 있을까요? 궁금해서 이리저리 자료를 찾아봤더니 확장자 이름은 대부분 그래픽 파일 형식을 만든 단체 이름인 경우가 많더군요. 예를 들어 JPG는 Joint Photographic Experts Group의 약자예요. 우리나라 말로 바꾸면 '공동 영상 전문가 그룹' 정도 되겠네요. 이 단체의 홈페이지인 [JPEG] 홈페이지(https://jpeg.org)에 접속하면 자세한 정보를 확인할 수 있답니다. 이렇듯 이미지 파일 확장자를 통해 정말 많은 단체에서 이미지 파일을 만들고 있음을 알 수 있어요. 포토샵에서는 이러한 대부분의 이미지 파일을 불러올 수 있으며 불러온 이미지를 편집한 후 다시 다른 형식의 이미지 파일로 저장할 수 있습니다. 포토샵은 포토샵에서 사용하는 기본 저장 파일인 PSD 파일로 저장해두면 작업한 편집 내용도 기록해둘 수도 있어요. 자! 그럼 이미지 파일 형식에는 어떤 것들이 있고 어떤 특징을 가지고 있는지 알아보겠습니다.

확장자 이름

BMP

BMP는 이미지 파일의 조상 격입니다. 초기 마이크로소프트에서 기본으로 사용되었던 비트맵 그래픽 파일 형식으로 윈도우 운영체제의 그림 그리기 프로그램인 [그림판]의 기본 파일 형식으로도 유명하죠. 가장 기본적인 비트맵 저장 파일 형식으로 화질은 매우 우수하지만 파일 크기가 크다는 단점을 가지고 있어요. 요즘 사용되는 대부분의 이미지 파일 형식은 압축 기능을 이용하여 파일 크기를 줄이는 기능을 가지고 있는데 비해 BMP 는 압축 기능을 제공하지 않아 압축을 하면 발생하는 이미지 손실도 없습니다. 그래서 파일 크기는 크지만 매우 우수한 화질을 제공한다는 장점을 가지고 있어요. 이러한 특징을 가지고 있어서 웹이나 인쇄용으로 직접 사용하기보다는 원본 보관용으로 주로 사용합니다. 데이터를 보관하고 있다가 필요에 따라 파일 크기를 줄일 수 있는 다른 파일 형식으로 변환해서 사용하면 되니까요.

JPG

JPG(Joint Photographic Experts Group)는 너무나도 많이 사용되고 있는 이미지 파일 형식이죠. 웹에서 표준으로 사용하는 그래픽 파일 형식이기 때문에 가장 활용도가 높습니다. 웹표준 그래픽 파일 형식이란 웹에서 사용되는 웹브라우저 등의 솔루션에서 필수적으로 지원하는 파일 형식을 말하는 것으로 JPG 파일 형식으로 저장한 이미지는 웹에서 무조건 지원한다는 것을 의미해요. JPG 파일의 특징은 16,777,216개의 색을 표현할 수 있는 트루 컬러를 지원한다는 점이에요. 그래서 고화질의 사진 자료로 사용하기에 적합하답니다. 트루 컬러란 앞에서 알아본 RGB 컬러 모드에서 빨간색 256색, 녹색 256색, 청색 256색을 조합하여 만들 수 있는 최대의 수인 16,777,216색을 표현할 수

웹표준 그래픽
파일 형식

트루 컬러

있는 컬러를 말해요. 결국 트루 컬러는 대부분의 색을 표현하여 실물처럼 표현이 가능하다는 것을 의미한답니다. JPG는 이외에 화상 정보의 양을 줄이는 압축 기술을 이용하여 파일 크기를 줄일 수 있는 손실 압축도 지원하여 화질을 최대한 유지하면서도 파일 크기를 줄일 수 있어 웹뿐만 아니라 PC 등 다양한 장치에서 많이 사용되고 있습니다. 최근에는 업그레이드된 JPG 파일 형식인 JPG2000도 존재하는데 이는 다양한 설정으로 조절할 수 있는 손실 압축 기능뿐만 아니라 화상 정보를 손실시키지 않고 파일 크기를 줄여주는 비손실압축 기능도 제공하여 앞으로 JPG를 대신할 차세대 이미지 파일입니다. JPG 파일은 웹상에서 JPEG, JIFF 등의 파일 형식 이름으로도 사용되는데 JPG와 같으므로 파일 형식 이름만 JPG로 변경해서 사용해도 무관합니다.

JPEG
JIFF

GIF

GIF(Graphics Interchange Format)는 JPG와 함께 웹 표준 그래픽 파일 형식이지만 JPG와는 조금 다른 특징을 가지고 있어요. 가장 큰 특징은 표현할 수 있는 색상의 수가 256색으로 제한되어 있다는 점입니다. 그래서 사진 자료로 사용하기에는 어렵지만 이미지의 특정 색을 지워서 투명하게 처리하는 기능이나 여러 장의 이미지를 순차적으로 보이게 하여 움직이는 효과를 연출하는 GIF 애니메이션을 지원하여 단순한 컬러로 제작된 버튼, 아이콘 이미지 제작 시 많이 사용됩니다. 특히 이미지 크기

투명 처리 기능

GIF 애니메이션

와 관계없이 사용된 컬러가 적을수록 파일 크기가 작아지는 특성을 가지고 있기 때문에 웹페이지에서 사용되는 아이콘의 요소를 제작할 때 많이 사용되고 있습니다. PC 환경이 좋아짐에 따라 저해상도인 GIF를 사용할 필요가 갈수록 없어지고 있네요. 앞으로는 GIF보다는 비슷한 성격을 가지고 있으면서 고화질도 제공하는 PNG로 대체되고 있답니다.

PNG

PNG(Portable Network Graphics)는 웹 표준 이미지 파일 형식으로 GIF 대안으로 개발된 이미지 파일 형식입니다. GIF처럼 투명 배경 효과를 연출할 수 있을 뿐만 아니라 컬러도 트루 컬러를 지원하여 JPG처럼 고화질 사진 용도에도 사용이 가능합니다. 또한 비손실압축 방식을 지원하여 화질 손실 없이 파일 크기를 조절하여 JPG보다 고품질 이미지를 생성할 수 있기 때문에 최근에 사용 빈도가 급속도로 늘어나고 있답니다. 주로 웹용으로 사용하며 앞으로도 사용 빈도가 높아지고 있는 이미지 파일 형식 중 하나입니다.

TIF

TIFF(Tagged Image File Format)는 인쇄 분야 등 고품질의 이미지를 다룰 때 주로 사용되어왔던 이미지 파일 형식입니다. 일반인들에게는 다소 생소할 수 있는 이미지 파일 형식이지만 고품질의 이미지를 제공한다는 장점 때문에 사진 작업, 인쇄 작업 등

CMYK 모드로 저장할 수 있는 이미지 파일 형식은 JPG와 TIF, EPS가 있다. PNG와 GIF는 CMYK 모드로 저장할 수 없다.

업무용으로 매우 많이 사용되고 있는 파일 형식 중 하나입니다.

PSD

PSD는 포토샵 이미지 편집 프로그램의 기본 파일 형식입니다. 이미지 파일이기보다는 포토샵으로 제작한 레이어 작업 내용까지 저장해 주는 보관 데이터라고 생각하면 좋아요. 어도비 프로그램에서 제작된 일러스트레이터, 인디자인 등의 프로그램에서는 이미지처럼 사용되기도 합니다. 하지만 이미지를 볼 수 있도록 해주는 일반적인 이미지 뷰어에서 지원하지 않는 경우가 많으므로 보편적으로 PSD 파일만으로 작업 내용을 보관용으로 사용합니다. 최종 이미지로 사용할 경우에는 포토샵에서 PSD 파일을 불러와서 JPG나 PNG 등 다른 이미지 파일로 저장해서 사용하는 경우가 대부분입니다.

PDF

PDF(Portable Document Format)는 어도비사에서 제작한 문서 파일 형식입니다. 제작한 문서의 내용을 PDF로 저장하면 마치 이미지처럼 특정 소프트웨어 없이 문서의 내용을 열어 볼 수 있도록 해주기 때문에 이미지처럼 사용되고 있어요. 이 파일은 문서에 사용된 이미지뿐만 아니라 글꼴도 함께 이미지처럼 보거나 인쇄하기 용이하도록 해주어 문서 호환용이나 인쇄 편집용으로 많이 사용되고 있답니다. PDF 문서를 열어 보려면 PDF

뷰어 등 PDF 문서를 볼 수 있도록 해주는 뷰어 프로그램이 필요합니다. 윈도우나 맥 운영체제에서는 기본 설정으로 PDF 파일을 어렵지 않게 열어 볼 수 있고 스마트폰에서도 PDF 뷰어 앱이 설치되어 있으면 문서를 열어 볼 수 있답니다.

어도비에서 제공하는 애크로뱃 또는 스마트폰에서 제공하는 PDF 편집 앱을 이용하면 문서의 내용을 보는 것 이외에 문서에 첨삭 표시도 가능하답니다. 대단하죠. 이밖에도 인쇄용으로도 PDF를 사용하는 등 정말 많은 분야에서 없어서는 안될 정도로 PDF 사용 용도는 날이 갈수록 높아지고 있답니다.

EPS

EPS(encapsulated postscript)는 고화질 인쇄 용도로 제작된 파일 형식으로 포토샵보다는 일러스트레이터에서 주로 작업하며 벡터 방식과 비트맵 방식 이미지를 모두 담을 수 있는 특징이 있어요. 작업 내용의 일부만 보이게 해주는 클리핑 패스 기능을 이용할 수 있으며 이미지 파일을 인쇄용 컬러인 CMYK로 분판하는 작업이 가능하여 출판 인쇄용으로 많이 사용되는 파일입니다. 분판이란 출판물 인쇄를 할 때 인쇄물을 CMYK인 4가지 색별로 나누어 인쇄를 하기 때문에 컬러별로 파일을 각각 나누어서 저장해는 과정을 말하는 것으로 출판물 인쇄 작업 시 반드시 필요한 작업이에요. PDF나 EPS는 이러한 분판 작업이 가능하기 때문에 출판 인쇄용으로 많이 사용된답니다.

클리핑패스

분판

AI

벡터 방식을 지원하는 대표적인 이미지 파일로 일러스트레이터에서 작업한 데이터를 저장할 때 주로 사용하는 기본 파일 형식입니다. AI 파일을 사용할 경우 주의해야 할 점이 있는데 이 파일은 버전과의 호환 문제가 있다는 점입니다. 예를 들어 상위 버전으로 작업한 파일이 하위 버전 프로그램에서는 열리지 않아요. 왜 이렇게 만들었는지 모르겠지만 어쨌든 AI 파일을 공유할 때는 반드시 어떤 버전으로 저장했는지 표시해야 합니다. 이러한 문제를 해결하고자 통상적으로 업무용으로는 보통 CS2 버전으로 저장해서 사용하는 것을 권장하고 있답니다. 버전 지정은 AI 파일로 저장할 때 버전 선택하는 화면이 나타나는데 이곳에서 특정 버전을 지정해서 저장할 수 있어요.

앞에서 대표적인 이미지 파일에 대해서 알아보았는데 이외에 더 많은 종류들이 있습니다. 소비자의 니즈에 따라 인기 있는 파일 형식도 바뀌겠지만 당분간은 JPG, PNG 파일 형식이 대세를 이룰 거예요. 특히 JPG 파일의 인기는 날이 갈수록 높아져가고 있네요. 대부분의 작업물은 JPG만 사용해도 무방하다고 보아도 될 정도입니다. 그러므로 JPG의 특징은 잘 알아두어야 겠죠.

포토샵은 정말 많은 이미지 파일을 지원합니다. 이러한 이미지 파일을 불러오려면 [File] 메뉴에서 [Open]을 클릭하면 나   [Open]

[열기] 대화 상자에서 불러 올 이미지를 선택하는 장면

타나는 [열기] 대화 상자에서 불러올 이미지를 선택해서 불러 올 수 있습니다. 이외에 [Open As] 메뉴도 있는데 [Open As]는 [열기] 대화 상자에서 [파일 이름] 항목 오른쪽에서 불러오고 싶은 이미지 확장자를 지정해서 해당 이미지 파일 형식만 선택 해서 불러올 때 사용하는 기능입니다. [Open] 메뉴에서도 설정 이 가능하기 때문에 보다 빠르게 열기 위한 목적이 아니라면 큰 장점을 가지고 있지는 않네요.

[Ctrl]을 누르고 함께 불러올 이미지를 클릭해서 동시에 여러 개의 파일을 불러 올 수 있다.

이미지 저장도 요령이 있다!

#[Save] #[Save As] #파일 이름 규칙 #[다른 이름으로 저장]이 열리는 경우
#[JPEG Options] #[GIF Options] #[PNG Options]

포토샵에서 저장은 작업한 내용을 이미지 파일 형식으로 저장하는 것을 말합니다. 편집한 이미지를 저장하려면 [File] 메뉴에서 [Save]를 클릭하면 간단하게 저장을 실행할 수 있어요. 처음 저장하는 경우 [다른 이름으로 저장] 대화 상자가 나타나며 여기서 저장 위치와 파일 이름과 파일 형식을 지정해서 저장합니다. 그리고 이미 저장했던 파일이라면 같은 파일 이름으로 저장되며 이때 불러오기 전의 자료는 사라지게 돼요. 만일 불러오기 전의 원본 자료가 필요한 경우에는 [File]-[Save As] 메뉴를 이용해서 다른 이름으로 저장을 실행합니다. 이 메뉴를 실행하면 나타나는 [다른 이름으로 저장] 대화 상자에서 파일 이름이나 파일 형식을 변경해서 저장하면 이전 데이터를 보관할 수 있겠죠. 실무에서는 가능한 이전 데이터를 보관하는 편이기 때문

[Save]

[Save As]

저장을 실행하면 저장 위치와 파일명, 파일 형식을 지정해주는 [다른 이름으로 저장] 대화 상자가 나타난다.

에 [Save As]로 저장하는 것을 선호한답니다. 이전 데이터는 검토용으로 사용할 수 있기 때문이죠. 작업이 완료한 후 지워도 되니까 군이 작업 중에 이전 데이터를 없애기 보다 보관하기를 권장합니다.

그리고 파일 이름도 어떤 규칙을 가지고 저장해두면 관리하기 편하답니다. 가급적 파일 이름은 빈칸 없이 영문으로 지정하는 것이 좋으며 하이픈을 이용하여 내용을 구분해서 기록해두면 관리하기 편하답니다. 예를 들어 의류 중 양말 제품의 상세 페이지의 두 번째 시안 이미지라면 'cloth-socks-v02.jpg' 순으로 지정하면 한눈에 데이터 내용을 확인할 수 있겠죠. 한글을 사용하면 '의류-양말-v02.jpg' 식이 될거고요. 파일 이름 규칙

포토샵에서 이미지 저장 시 [Save]를 실행했는데도 [다른 이름으로 저장] 대화 상자가 나타나는 경우가 있는데 이러한 경우는 원래의 이미지 파일 형식에서 지원하지 않는 옵션이 있는 경우 다른 파일 형식으로 저장하기 위해서 [다른 이름으로 저장] 대화 상자가 나타난답니다. 예를 들어 JPG 이미지 파일을 불러온 후 레이어를 추가하여 작업한 다음 [Save]를 누르면 JPG 파일 형식은 레이어를 기록할 수 없기 때문에 레이어 정보를 지울지 확인하라는 의미로 [다른 이름으로 저장] 대화 상자가 나타나요. 레이어 정보를 살리려면 포토샵의 작업 내역을 기록해주는 PSD 파일 형식으로 바꾸어서 저장해야 해요. [파일 형식] [다른 이름으로 저장]이 열리는 경우

을 원래대로 JPG로 선택해서 저장하면 레이어 정보는 사라지게 된답니다.

이렇게 설정하고 저장을 실행 시 또 다른 옵션 대화 상자가 나타나는 경우가 있는데 이는 선택한 이미지 파일 형식에서 지원하는 옵션이 있는 경우에 나타납니다. 예를 들어 JPG 파일은 파일 크기를 압축할 수 있는 압축 기능을 제공하므로 저장을 실행하면 압축률을 조절할 수 있는 옵션이 나타나요. 게이지를 오른쪽 끝으로 위치하면 압축하지 않고, 왼쪽 끝으로 위치하면 압축을 하여 이미지 파일 크기를 줄일 수 있습니다. 압축 정도가 높을수록 파일 크기는 작아지지만 이미지 손실은 커집니다. 그러므로 가급적 압축은 하지 않거나 필요에 따라 오른쪽 최대치에서 1~2단계 낮춘 값(Quality 10)으로만 설정해 주기 바랍니다. 그리고 [Format Options]에는 웹에서 이미지를 열때 이미지 표시 방식을 지정하는 옵션이에요. 웹에서 이미지를 불러올 때 이미지 파일 용량이 커서 로딩이 오래 걸릴 때 이미지를 점차적으로 서서히 보여주기를 원할 경우 [Progressive]를 선택하는데 인터넷 속도가 빨라진 요즘에는 큰 의미가 없으므로 기본값인 [Baseline("standard")]를 선택해도 됩니다.

JPG 파일 형식으로 저장 시 나타나는 옵션 [JPEG Options]

GIF 파일 같은 경우는 저장 시 [Row Order] 옵션 대화 상자가 나타나는데 이 옵션은 웹에서 이미지를 불러올 때 이미지 로딩이 느려 이미지가 제대로 보이지 않을 것을 대비해 로딩되는 대로 이미지를 위에서부터 한

GIF 파일 형식으로 저장 시 나타나는 옵션

[GIF Options]

줄 한 줄 잘라서 이미지를 보여주게 하는 [Interlacing]을 설정할 수 있는 옵션입니다. 웹에 사용할 목적이 아니라면 [Normal]로 지정해 주면 돼요. 그리고 하나 더! GIF 파일로 저장할 때 꼭 유념해야 할 점은 지원하는 색상입니다. GIF는 256 컬러만 지원하므로 고화질의 이미지를 GIF로 저장할 때 색이 256 컬러로 단순화되어 이미지 손실이 발생한다는 점입니다. 그러므로 사진 자료는 GIF로 저장하지 않도록 합니다.

[PNG Options]

다음은 PNG 파일 저장 옵션에 대해서 알아보겠습니다. PNG 파일은 GIF 과 동일한 옵션 외에 압축 옵션이 추가되어 있어요. 고화질을 유지하려면 [None/Fast]를 선택하고 파일 크기를 좀 줄이고 싶다면 [Smallest/Slow]를 선택해서 저장하면 됩니다.

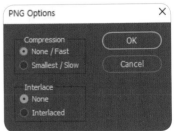

PNG 파일 형식으로 저장 시 나타나는 옵션

파일 저장 옵션에 대해서 알아보았는데 양이 너무 많아서 헷갈린다면 정말로 많이 사용되는 JPG 압축 옵션만 잘 알아두세요. 나머지 옵션은 그냥 기본값으로 저장해도 무방하답니다.

아트보드 활용 비법!

#[Artboards] #아트보드 추가 #[Artboards Tool] #가이드라인 #[New Guide Layout] #아트보드 저장 #[Artboards to Files]

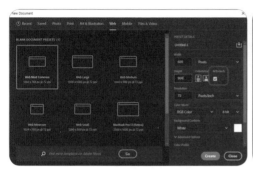 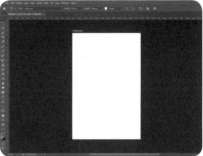

[New Document] 대화 상자에서 [Web] 탭에 있는 목록에는 [Artboard] 항목이 체크되어 있다.

　　포토샵에서 웹용으로 새 문서를 열 때 새 문서 항목 중에 [Artboards]라는 항목이 있습니다. 아트보드는 하나의 이미지 파 일에 작업할 수 있는 여러 개의 문서를 만들어서 한 번에 제작 관리할 수 있도록 해주는 기능입니다. 예를 들어 트럼프 카드를 만든다고 생각해 봅시다. 카드의 구성을 살펴보면 개수와 종류 의 차이일 뿐 서로 비슷한 구조를 가지고 있죠. 이러한 작업을 하려면 새 문서에 일일이 카드를 디자인해야 하고 수정할 때도 일일이 문서를 열어서 수정해야 하죠. 하지만 아트보드를 이용 하면 카드 개수만큼 아트보드를 추가한 뒤 한 번만 디자인을 해 두면 한눈에 디자인을 검토하고 수정할 수 있을 거예요. 이처럼 아트보드를 사용하면 비슷한 형태의 문서를 여러 개 만들 때 편 리합니다.

[Artboards]

[New Document] 대화 상자에서 [Artboards] 항목의 체크를 클릭해서 해제하면 언제든지 아트보드를 해제할 수 있다.

아트보드 이름을 클릭하면 나타나는 추가 아이콘을 클릭해서 아트보드를 추가하는 장면

아트보드를 만드는 방법은 새 문서를 열 때 웹용의 문서를 아트보드추가
선택하면 자동으로 아트보드가 만들어집니다. 문서가 열리면
캔버스 상단에 'Artboards1'이라고 이름이 표시됩니다. 그리고
[Move Tool] 도구가 선택된 상태에서 이 이름을 클릭하면
캔버스 각 면에 '⊕' 기호가 표시되는데 이 아이콘을 클릭하면
클릭한 방향으로 새 문서가 추가돼요. 이와 같은 방법으로 사방
으로 아트보드를 추가할 수 있어요.

만일 아트보드가 없는 문서인 경우에는 도구 모음에서
[Move Tool] 도구를 길게 누르면 나타나는 메뉴에서 [Artboards Tool]
[Artboard Tool] 도구를 선택합니다. 그런 다음 캔버스에서 아
트보드로 사용할 크기만큼 드래그해서 영역을 만들면 기존 캔
버스가 사라지고 선택한 크기로 아트보드형 문서로 바뀌게 돼
요. 기존 아트보드 크기와 다른 크기의 아트보드를 추가할 때도
[Artboard Tool] 도구로 아무 위치에서나 추가하고 싶은 아
트보드 크기만큼 드래그해서 추가할 수 있고요. 아트보드 이름
부분을 드래그해서 원하는 위치로 아트보드를 이동해서 배치

아트보드를 선택하려면 [Move Tool]이나 [Artboard Tool]로 아트보드를 클릭해서 선택한다.

[New Guide Layout]로 가이드라인을 만들면 이미지 꾸밀 때 편리하다.

할 수 있으며 아트보드를 클릭하고 Del 을 눌러 아트보드를 삭제할 수도 있어요. 아트보드 크기를 정교하게 세팅하고 싶다면 [Artboard Tool] 도구로 아트보드 이름 부분을 클릭한 후 옵션 막대의 [Width]와 [Height] 항목에서 문서 너비와 높이를 입력해서 크기를 변경할 수 있답니다.

가이드라인은 요소를 배치할 때 참고할 수 있는 라인이에요. 동일한 형태의 아트보드를 만들 때 가이드라인을 이용하면 요소를 같은 위치에 배치할 때 매우 편리하답니다. [View]-[New Guide Layout] 메뉴를 클릭한 다음 [Columns] 항목에는 세로 방향으로 표시할 가이드라인 개수, [Rows] 항목에는 가로 방향으로 표시할 가이드라인 개수, [Margin]에는 사방에 표시할 여백의 크기를 지정하고 [Target] 항목의 [All artboards]를 선택하면 모든 아트보드에 가이드라인이 표시됩니다. 추가된 가이드라인을 참조해서 작업하면 됩니다.

가이드라인

[New Guide Layout]

아트보드를 만들면 레이아웃 패널에 <u>아트보드</u> 이름의 그룹으로 만들어집니다. 작업할 아트보드를 클릭해서 해당 아트보드 그룹을 선택한 후 ⊞[Create a new layer] 버튼을 클릭해서 레이어를 추가해서 작업해야 합니다. 이외에 아트보드의 작업은 일반 작업과 같아요. ✛[Move Tool] 도구로 아트보드에 있는 요소를 다른 아트보드로 드래그해서 이동시킬 수 있어요. 만일 수평 또는 수직 방향으로 이동하고 싶다면 Shift를 누르고 드래그하면 되고요. 요소를 다른 아트보드로 복사하려면 Alt를 누르고 드래그하면 복제가 된답니다.

이번에는 아트보드를 저장하는 방법에 대해서 알아볼게요. 아트보드는 일반 이미지 구성과는 사뭇 다르죠. 그래서 [Save]로 저장하면 여러 개의 아트보드가 모두 연결되어 하나의 이미지로 저장된답니다. 그러면 아트보드를 이용할 필요가 없겠죠. 아트보드별로 각각의 이미지로 저장하려면 [File]-[Export]-[Artboards to Files] 메뉴를 클릭합니다. 대화 상자가 열리면 [Browse] 버튼을 클릭해서 이미지들을 저장할 경로를 선택하고 [File Name Prefix] 항목에는 파일 이름을 입력하고 [File Type]에 저장할 파일 형식을 선택하고 [Run] 버튼을 클릭하면 지정한 위치에 아트보드 별로 이미지들이 각각 저장됩니다.

아트보드 저장

[Artboards to Files]

[Artboards to Files]로 아트보드별로 저장할 수 있다.

[Artboards To Files] 대화 상자에서 [Export Selected Artboards] 항목을 체크 해제해야만 모든 아트보드가 저장된다.

강좌 10 | [History]와 [Actions]
작업 단계 되돌리고 자동 실행하기 비법!

#이전 단계 되돌리기 #앞 단계 되돌리기 #[History] #[Actions] #액션 기록 #액션 실행

포토샵으로 작업하다가 실수를 해서 이전 단계로 되돌리고 싶을 때가 자주 발생합니다. 이럴 때는 당황하지 말고 Ctrl+Z 을 누르면 바로 이전 단계로 되돌릴 수 있어요. Ctrl+Z를 계속 누르면 순차적으로 이전 단계로 돌아갑니다. 이전 단계로 돌아간 상태에서 바로 앞 단계로 돌아가려면 Ctrl+Shift+Z를 누르구요. 이와 같이 작업 단계를 원하는 단계까지 되돌릴 수 있으므로 실수에 대해서 겁먹지 말고 마음 놓고 작업하세요.

이전단계 되돌리기

앞단계 되돌리기

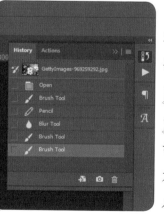

어떠한 경우에는 내가 작업한 단계를 눈으로 확인하고 싶을 때가 있을 거예요. 그럴 때는 [History] 패널로 확인하세요. [Windows]-[History] 메뉴를 클릭해서 열거나 이미 열려 있다면 오른쪽 패널 목록에서 🔳 버튼을 클릭하면 열 수 있어요. 히스토리를 열면 작업 단계가 목록으로 표시되어 있으며 목록을 클릭해서 해당 작업 단계로 되돌릴 수 있어요.

[History]

이전 단계 되돌리기는 50 단계까지 실행할 수 있으며 [Edit]-[Preferences]-[Performance] 메뉴의 [History States] 항목에서 수치를 변경할 수 있다.

포토샵의 작업 단계 기록에 대해서 알아보았는데 만일 이러한 작업 단계를 임의로 기록해두고 자동 실행하게 하면 어떻게 될까요? 예를 들어 '이미지 너비를 1000 픽셀로 줄이기', '이미지 저장하기'라는 두 단계 과정을 기록해두고 어떤 이미지에 미리 기록해둔 작업 단계를 실행하게 할 수 없을까요? 포토샵은 친절하게도 [Actions]으로 이러한 작업 과정을 기록하고 자동 실행하는 기능을 제공한답니다.

[Actions]은 포토샵의 작업 내용을 기록해두고 필요할 때 실행할 수 있도록 해줍니다. 그럼 액션이 어떻게 동작하는지 이미지의 너비를 1000 픽셀로 변경하고 저장하는 과정을 예를 들어서 살펴볼게요. 먼저 이 작업에 필요한 과정은 다음과 같아요.

[Actions]

> [Image]-[Image Size] 메뉴 클릭 → [Width] 항목에 '1000 px'을 입력 → [OK] 버튼 클릭 → [File]-[Save] 메뉴 클릭

작업 과정을 잘 숙지한 후 이미지를 열고 액션을 실행하기 위해서 [Windows]-[Actions] 메뉴를 클릭하거나 패널에서 ▶ 버튼을 클릭해서 액션 패널을 엽니다. 준비가 되었으면 액션을 기록하기 위해서 ⊞ 버튼을 클릭하면 나타나는 대화 상자에서 [Name]에 액션에 사용할 이름을 입력하고 [Function Key]에는 액션을 실행할 단축키를 선택하고 [Record] 버튼을 클릭하세요. 이제 기록 상태가 되었습니다. 지금부터 움직이는 마우스와

액션 기록

액션을 만든 후 다양한 방법으로 실행해서 제대로 동작하는지 확인한 후 사용하도록 한다. 어떠한 경우에는 잘 동작하다가 다른 환경에서는 제대로 동작하지 않는 경우가 있기 때문에 기록 과정을 면밀히 분석해서 기록하도록 한다.

[New Action] 대화 상자에서 '너비 1000픽셀로 줄이고 저장' 이름에 단축키는 [F3]으로 지정해서 만든 액션

키보드 입력 작업이 모두 기록됩니다. 앞에서 살펴본 작업 과정을 순서대로 작업하세요. 작업을 완료한 후 [Actions] 패널에서 ■ 버튼을 클릭해 기록을 정지합니다.

기록이 완료되면 [Actions] 패널에서 기록한 액션 목록이 추가된 걸 볼 수 있을 거예요. 이미지 사이즈를 조절하고 싶은 이미지를 연 후 [Actions] 패널에서 액션을 기록한 목록을 선택 하고 ▶ 버튼을 클릭해서 실행하거나 지정한 단축키를 누르면 자동으로 이미지 사이즈가 조절되고 저장이 될 거예요. 신기하죠. 액션은 자주 실행하는 작업들이나 복잡한 과정의 작업들

액션 실행

을 저장해두면 작업 시간을 단축하는 데 큰 도움이 될 거예요.

강좌 11 | [Zoom Tool]

이미지 확대하고 축소 비법!

#[Zoom Tool] #빠르게 확대 축소하기 #실제 크기 돌리기
#확대 축소해서 작업 검토 하기

포토샵 작업 중 이미지 내용이 잘 안 보일 때는 이미지를 확
대해서 보아야 할 경우도 있고 반대로 이미지가 너무 클 때는
화면을 축소해서 보아야 할 경우도 생깁니다. 이때 사용하는 도
구가 🔍 [Zoom Tool]이에요. 이 도구는 이미지를 확대 또는 축   [Zoom Tool]
소해서 작업을 용이하게 해주는 기능을 해요. 작업 방법은 🔍
[Zoom Tool]을 선택하고 확대하고 싶은 부분을 클릭하면 화면
이 확대되고 반대로 화면을 축소하고 싶다면 Alt 를 누르고 클
릭하면 화면이 축소됩니다. 이러한 확대 작업은 이미지 내용을
잘 확인하기 위한 보기 기능이지 이미지가 실제 변하는 것은 아
니므로 마음대로 확대하거나 축소해도 이미지에 영향을 끼치
지 않는답니다.

🔍 [Zoom Tool]은 작업시 자주 사용하는 도구 중 하나입니
다. 그런데 화면을 확대 축소 작업할 때마다 🔍 [Zoom Tool]
로 도구를 선택하는 작업은 여간 번거로운 작업이 아닐 거예요.
이럴 때는 작업 중 Alt 를 누르고 마우스의 휠을 돌려 빠르게   빠르게 확대 축소
하기

68

확대 및 축소 작업을 할 수 있어요. 그러면 어떤 작업 중이라도 빠르게 확대 축소 작업을 할 수 있겠죠.

그리고 화면 확대 중 100% 크기로 되돌리고 싶을 때는 실제 크기 돌리기 [Zoom Tool] 도구를 빠르게 두 번 클릭하면 바로 실제 크기로 볼 수 있답니다. 실제 크기란 실제 이미지가 가지고 있는 크기예요. 웹용으로 작업 시에는 실제 크기가 실제 사용되는 크기이므로 바로 크기를 가늠할 수 있지만 인쇄용인 경우는 실제 크기로 되돌리면 훨씬 더 큰 크기로 보이게 돼요. 이는 앞서 설명한 41p 참고 해상도 차이로 인해 웹용보다 4배 정도 큰 크기가 실제 크기이기 때문에 감안하고 검토해야 합니다.

작업 내용은 수시로 확인하는 것이 좋아요. 작업할 요소의 비율이 적당하지 않아 다시 작업해야 하는 문제가 발생할 수도 있기 때문이에요. 작업 내용을 검토할 때는 실제 크기로 내용을 확대 축소해서 작업 검토 하기 확인하고, 전체 내용이 전부 보이게끔 크기를 조절해서 한 번 더 검토하도록 합니다. 실제 크기로 보는 것은 작업한 요소의 비율이 적당한지 검토하는 것이고 전체 화면으로 검토하는 것은 요소들의 배치들이 적당하게 잘 설정되었는지 확인하는 것입니다.

이미지가 축소 또는 확대되어 있는 경우 선 같은 요소들이 왜곡되어 보일 수 있으므로 반드시 실제 크기로 확인하도록 한다.

영역 선택 잘하는 비법!

#[Rectangular Marquee Tool] #[Eliptical Rectangular Marquee Tool] #정사각형,
정원 영역 선택하기 #영역 중첩해서 선택하기 #[Lasso Tool] #[Polygonal Lasso Tool]
#[Magnetic Lasso Tool] #[Magic Wand Tool] #[Object Selection tool]

    내가 찍은 인물 사진에서 눈동자의 색을 진하게 하고 싶거나 눈동자의 크기를 키우거나 하는 등의 작업할 때 제일 먼저 해야 할 작업은 무엇일까요? 먼저 눈동자를 선택하는 일일 것입니다. 이처럼 모든 작업에 영역 선택은 꼭 필요한 과정입니다.

    포토샵에서 이러한 영역을 선택할 때 선택 도구를 이용하는데 선택 도구는 사각형이나 원형처럼 도형 모양으로 영역을 선택하거나 사용자가 직접 영역을 지정해서 선택하는 등 다양한 방법이 존재한답니다. 편집할 부분을 잘 선택해야지만 작업도 깔끔하게 처리할 수 있는 만큼 포토샵에서 영역 선택은 매우 중

요한 작업이에요.

영역을 선택하는 방법 중 가장 일반적인 방법은 사각형이나 원형 모양으로 선택하는 것입니다. 매우 쉽고 빠르게 작업할 수 있기 때문에 가장 많이 사용하고 있는 도구랍니다. 사각형 모양으로 영역을 선택하려면 ▦ [Rectangular Marquee Tool]을 선택한 후 지정할 영역을 드래그하면 되고 원형 모양으로 선택하고 싶다면 도구 모음에서 ▦ [Rectangular Marquee Tool]를 길게 누르면 나타나는 목록에서 ◯ [Eliptical Rectangular Marquee Tool]로 선택해서 작업하면 됩니다. 선택 도구처럼 도구 아이콘 오른쪽 하단에 화살표가 표시되어 있는 도구는 도구를 길게 누를 때 메뉴 목록들이 나타나며 메뉴 목록 중에 사용자가 마지막에 사용했던 도구가 아이콘에 표시됩니다. 만약 마지막에 ◯ [Eliptical Rectangular Marquee Tool] 도구를 선택했다면 ▦ [Rectangular Marquee Tool] 도구 위치에 ◯ [Eliptical Rectangular Marquee Tool] 아이콘이 표시될 텐데, 예전에 사용했던 도구가 안 보인다고 당황하지 말고 숨겨져 있는 도구를 길게 눌러 해당 도구를 선택해서 사용하면 됩니다.

도구를 선택한 후 지정할 영역을 드래그해서 영역을 선택하면 점선으로 영역이 표시됩니다. 영역을 선택하는 작업은 이미

[Rectangular Marquee Tool]

[Eliptical Rectangular Marquee Tool]

지에 어떤 변화를 주는 작업이 아니므로 부담 없이 영역을 선택해도 돼요. 영역을 잘못 선택했다면 영역 밖 아무 곳이나 클릭하면 점선 영역이 사라지면서 선택이 해제됩니다.

보통 영역을 선택할 때 ▣ [Rectangular Marquee Tool] 도구로 드래그하면 직사각형 모양으로 영역이 표시되는데 만일 정사각형 모양으로 지정하고 싶다면 (Shift) 키를 누른 채 드래그합니다. 정원은 ◉ [Eliptical Rectangular Marquee Tool] 도구를 선택하고 (Shift) 키를 누른 채 드래그하면 되고요. (Shift) 키는 영역을 지정할 때 가로와 세로 비율을 동일하게 만들어 주는 역할을 하므로 영역 선택 말고도 다른 작업 시에도 가로 세로 비율을 동일하게 만들고 싶을 때 사용할 수 있는 키이므로 잘 알아두면 좋겠죠.

정사각형, 정원영역 선택하기

도형 모양의 선택 도구는 원형 도형보다는 사각형 도형이 사용 빈도가 높아요. 보통 이미지에서 사각형 모양으로 잘라내거나 색을 채우는 등의 작업을 위한 영역 선택에서 사용한답니다. 사각형 모양은 선택 영역이 너무 단조롭죠. 한층 복잡한 영역을 지정하고 싶을 땐 어떻게 해야 할까요? 선택 도구를 이용하여 여러 번 겹쳐 지정하면 다양한 형태를 만들 수 있답니다. ▣ [Rectangular Marquee Tool] 도구를 선택하고 드래그해서 사각형 영역을 만든 후 (Shift) 키를 누른 상태로 다른 영역을 드래그

영역 중첩해서 선택하기

왼쪽은 Shift 키를 누르고 두 개의 사각형 영역을 겹쳐서 선택하는 장면이고 오른쪽은 선택된 영역에서 Alt 키를 누르고 제외시킬 영역을 지정하는 장면

하면 두 영역이 함께 선택됩니다. 반대로 Alt 키를 누른 채로 드래그하면 기존에 선택된 영역에서 겹쳐지는 부분이 제외됩니다. 이와 같이 사각형 도형을 여러 번 겹치면 다양한 선택 모양을 만들 수 있어요. 처음엔 어려울 수 있지만 연습을 하다 보면 어느새 단조로운 영역부터 복잡한 영역까지 손쉽게 선택할 수 있을 것입니다.

이번에는 방금 배운 것보다 조금 어려운 방법에 대해서 알아볼 거예요. 도형으로 지정하기엔 복잡하고 불규칙한 영역을 선택할 때는 [Lasso Tool] 도구를 이용합니다. 이 도구를 고른 다음 지정하고 싶은 부분을 마우스로 드래그해서 자유롭게 영역을 선택할 수 있어요. 영역을 좀 더 정교하게 선택하고 싶을 땐 [Zoom Tool]로 화면을 확대한 후 작업하면 보다 섬세하게 작업할 수 있어요.

[Lasso Tool]

만일 마우스로 정교하게 선택하는 것이 어렵다면 직선으로 자유롭게 영역을 지정해 주는 [Polygonal Lasso Tool]을 사용합니다. 이 도구는 연속된 직선으로 영역을 선택해 주는 도구입니다. 시작점을 클릭한 다음 두 번째 위치를 클릭하면 직선

[Polygonal Lasso Tool]

 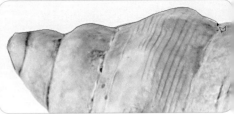

왼쪽은 [Lasso Tool]로 영역을 선택하는 장면으로 생각 외로 정교하게 영역 설정하는 작업이 쉽지 않다. 오른쪽은 [Polygonal Lasso Tool]로 영역을 선택하는 장면으로 짧은 직선을 곡선에 맞게 그려 생각보다 정교하게 영역이 설정된다.

방향으로 선이 그려집니다. 이 상태에서 다른 부분을 클릭하면 두 번째에서 세 번째 클릭 지점까지 다시 직선이 그려지면서 결국 시작점과 두 번째 지점까지 직선, 두 번째에서 세 번째까지의 지점까지 직선이 서로 연결되면서 영역이 지정됩니다. 이런 방법으로 영역을 그릴 수 있습니다. 이 도구의 장점은 매우 빠르고 생각보다 정교하게 영역을 만들 수 있다는 점입니다. 곡선 부분도 화면을 확대해서 작업하면 복잡한 영역을 어렵지 않게 지정할 수 있어서 ◉ [Lasso Tool] 사용이 익숙지 않거나 좀 더 빠르게 영역을 지정하고 싶을 때 사용되는 방법입니다.

앞에서 소개한 방법도 어렵다면 자동으로 영역을 선택하게 해주는 ◈[Magnetic Lasso Tool]을 이용해 보세요. 이 도구는 말 그대로 자석 기능으로, 선택할 영역의 경계면에 마우스 포인터를 갖다 대기만 하면 자동으로 영역이 선택되는 편리한 기능입니다. 이 도구는 경계면과 바탕면의 색 차이를 인식하여 영역을 설정해 주는 원리로 경계면과 바탕면에 색 차이가 클수

[Magnetic Lasso Tool]

정교하게 영역을 선택하려면 최대한 화면을 확대한 후 섬세하게 영역을 선택하도록 한다.

록 바르게 선택이 됩니다. 보편적으로 결과물이 훌륭하지는 않아 품질보다 속도가 중요할 때 사용하곤 합니다. 앞에서 소개했던 [Lasso Tool], [Polygonal Lasso Tool], [Magnetic Lasso Tool]는 서로 묶여 있는 도구로 해당 도구를 마우스로 길게 누르면 다른 목록도 함께 나타납니다.

이번에는 색다른 방법으로 영역을 선택해 주는 [Magic Wand Tool]에 대해서 알아보겠습니다. 이 도구 사용법은 도구를 클릭하고 이미지에서 선택하고 싶은 영역을 클릭하면 클릭한 부분의 색과 비슷한 색 부분을 모두 선택하여 영역을 설정해 주는 도구입니다. 이 도구는 선택한 부분과 비슷한 색으로 이루어진 영역을 지정해주는 기능으로 선택 영역이 단조로운 색으로 구성되어 있을 때 클릭 한 번으로 영역을 깔끔하게 선택해 줍니다. 이 도구를 십분 활용하려면 옵션 설정을 잘 해주어야 합니다. 도구를 선택하면 나타나는 옵션 막대에서 [Tolerance]에 수치(0~255)를 높게 설정하면 선택한 색과 비슷한 색까지 함께 지정돼 관용도가 높아지지만 수치가 낮으면 관용도가 낮아져 선택 영역이 작아집니다. 즉 선택할 영역의 색이 단색이 아니라 비슷한 색이 많이 섞여 있다면 적당한 영역이 선택될 때까지 이 옵션의 수치를 높여 보면서 조절합니다. 그리고 [Anti-alias]를 체크하면 곡선 부분도 부드럽게 선택하게 해주고 [Contiguous]를 체크하면 선택한 색이 있는 영역과 붙

[Magic Wand Tool]

[Tolerance]를 '10'으로 설정(왼쪽)한 경우와 [Tolerance]를 '100'으로 설정(오른쪽)한 경우 영역 선택 차이

어있는 영역들만 선택하게 해줍니다. 만일 이미지 전체 영역에서 선택한 색과 유사한 색이 있는 부분을 모두 선택하고 싶다면 [Contiguous] 항목을 체크 해제해 줍니다. 복잡하게 설명했지만 직접 해보면 어떤 특성을 가지는지 알 수 있을 거예요.

영역 선택이 쉬워 보이지는 않죠? 이러한 마음을 읽었는지 포토샵은 선택할 부분을 마우스로 드래그만 하면 자동으로 영역을 선택할 수 있도록 해주는 [Object Selection tool] 도구를 제공한답니다. 숨겨져 있는 도구라 ⬤⬤⬤ 버튼을 길게 누르면 나타나는 메뉴에서 선택할 수 있어요. 사용 방법은 정말로 간단합니다. 선택할 부분을 감싸듯이 마우스로 드래그해 주기만 하면 끝이에요.

자동 선택 도구임에도 불구하고 정교하게 영역을 잘 선택해 준답니다. 빠르게 영역을 선택해야 할 경우 매우 유용하게 사용

[Object Selection tool]

옵션값은 작업할 이미지의 상황에 따라 제각기 다르므로 그때그때 상황에 따라 적절한 값을 찾아야 한다.

✅ Anti-alias ✅ Contiguous ☐ Sample All Layers   Select and Mask...

할 수 있어요. 선택된 영역에서 선택되지 않은 부분이 있다면 [Shift]를 누른 상태로 빠진 부분을 드래그해서 영역을 추가하거나 선택되지 말아야 할 부분이 선택되어 있다면 [Alt]를 누른 상태로 해당 부분을 드래그해서 선택 부분을 빼주면서 보완 작업을 할 수 있답니다.

　이렇게 해서 영역을 선택하는 방법에 대해서 알아보았습니다. 보다 전문적으로 영역을 선택하려면 [Pen Tool]을 이용하는 편이지만 이 방법은 많은 연습과 그에 따른 숙달된 실력이 필요하고 작업 시간도 오래 걸립니다. 그러므로 일반적인 경우엔 앞에서 소개한 방법들을 주로 이용하며 이 중에서 [Polygonal Lasso Tool]과 [Magic Wand Tool], [Object Selection tool] 도구를 많이 사용하므로 잘 알아두도록 합니다.

요소 선택하고 이동하는 비법!

#[Move Tool] #[Hand Tool]

(첫 번째와 두 번째 이미지)영역을 선택한 후 마우스로 드래그하면 선택 영역의 위치만 이동된다.
(세 번째 이미지)Ctrl을 누르고 선택 영역을 드래그하면 영역에 포함되어 있는 이미지도 함께 이동
된다. 이때 하위 레이어가 없는 경우 이동된 위치에는 배경색으로 채워진다.

앞에서 배운 영역 선택툴로 영역을 지정한 후 선택된 영역에 마우스를 올려 놓으면 마우스 포인터 모양이 화살표 모양으로 바뀝니다. 이는 이동할 수 있음을 알려주는 아이콘이랍니다. 이 상태에서 드래그하면 선택한 영역만 위치를 이동할 수 있어요. 그리고 Ctrl을 누른 상태에서 드래그해보세요. 그러면 선택한 영역의 이미지도 함께 이동됩니다. 도구 모음에 있는 ✛[Move Tool]을 클릭하고 드래그해도 같은 동작이 실행됩니다. ✛ [Move Tool]은 이와같이 캔버스에 포함되어 있는 요소 중 작업할 요소를 클릭해서 선택하고 이동할 때 사용하는 도구예요.

[Move Tool]

영역을 선택하고 [Ctrl]을 누른 상태에서 영역에 마우스 포인터를 위치하면 포인터 모양이 가위 모양으로 바뀌게 된다. 이는 선택한 영역의 이미지를 잘라서 이동시킨다는 의미이다.

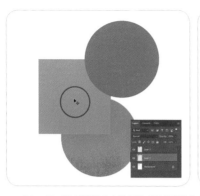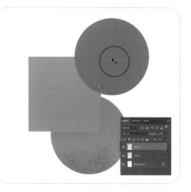

[Move Tool]로 작업한 요소를 클릭해서 선택할 수 있다. 이때 레이어 패널에 선택한 요소가 있는 레이어 목록이 선택된다.

레이어가 여러 개 존재할 경우 ➕[Move Tool] 도구로 옮기고 싶은 요소를 클릭하면 선택한 요소가 포함된 레이어가 바로 선택됩니다. 이 상태에서 요소를 드래그하면 요소의 위치가 이동돼요. 레이어가 많을 경우 작업하고 싶은 요소를 선택하고 이동할 때 편리하게 이용할 수 있답니다.

➕[Move Tool] 도구와 기능이 비슷한 ✋[Hande Tool] 도구가 있어요. ➕[Move Tool]이 이미지를 선택하고 이동해주는 도구라면 ✋[Hande Tool] 도구는 이미지를 확대했을 때 가려서 보이지 않는 영역을 드래그해서 보이게 해주는 기능을 합니다. 실제로 이미지의 위치가 변하는 것이 아니라 캔버스 위치를 이동하여 가려서 보이지 않는 곳을 보이도록 해주는 역할을 해요. 또한 이 도구는 단축키도 지원하여 작업 중 언제든지 [SPACE BAR]를 누르고 드래그하면 [Hand Tool]의 이동 기능을 이용할 수 있답니다.

[Hand Tool]

[Background] 레이어는 고정되어 있기 때문에 임의로 고정을 풀기 전까지 [Move Tool]로 선택되지 않는다.

색 선택 잘하는 비법!

#전경색과 배경색 #[Color Picker]
#전문가가 선택한 색 가져오기 #웹 안전 컬러

　　포토샵에서 색을 채우는 작업을 하려면 먼저 색을 골라야겠죠. 색을 선택하려면 도구 모음 밑에 위치해 있는 ![] 아이콘에서 지정할 수 있어요. 이곳은 위와 아래 두 가지 색상 박스로 구성되어 있는데 위에는 칠할 색을 지정하는 전경색 박스이고 밑에는 바닥에 존재하는 색을 지정하는 배경색 박스입니다. 전경색은 지정한 영역에 채울 색을 의미하고 배경색은 지정한 영역을 지울 경우 지워진 곳에 채울 배경색을 말해요. 대부분의 그래픽 편집 프로그램의 색상 지정은 이와 같이 전경색과 배경색으로 지정하는 경우가 많아요. 전경색은 금방 이해가 되지만 배경색은 무슨 의미인지 혼란스러울거예요. 간단하게 색이 없는 곳에 칠할 색이라고 생각하면 됩니다. 예를 들어 집의 벽지를 생각해 보세요. 빨간색 벽지가 발라져 있는 벽은 분명 빨간색이지만 벽지를 찢어내면 그 안은 무슨 색으로 되어 있을까요? 시멘트벽이라면 시멘트의 회색이 나타나겠지만 상황에 따라 제각기 다를 거예요. 배경색은 바닥의 색을 임의로 지정해 주는 것으로 이미지에서 어떤 부분을 지웠을 때 지워진 부분에 채울 색을 말합

전경색과 배경색

색상 박스의 오른쪽 윗부분에 양쪽으로 연결된 화살표 아이콘이 있는데 이 아이콘을 클릭하려면 전경색과 배경색이 바뀌게 된다.

[Color Picker] 대화 상자

니다. 이와 같이 그래픽 프로그램에서는 색을 지정할 때는 전경
색과 배경색을 함께 생각해야 한답니다.

색을 변경하는 방법은 전경색 또는 배경색 박스를 클릭하면
나타나는 [Color Picker] 대화 상자에서 채울 색을 선택하면 됩 [Color Picker]
니다. [Color Picker] 대화 상자에서 색을 선택하려면 먼저 세로
로 길게 늘어져 있는 팔레트에서 선택할 색을 골라 클릭한 후
왼쪽 사각형 팔레트에서 좀 더 디테일하게 색을 골라 클릭해서
선택합니다. 그러면 [new] 항목에는 방금 선택한 색이 표시되
는데 고른 색이 만족스러우면 [OK] 버튼을 눌러 색 선택을 완
료합니다.

[Color Picker] 대화 상자를 연 후 이미지에서 색을 가져오고 싶은 곳을 클릭해서 색을 지정할 수 있다.

처음에는 색을 고르기가 쉽지 않을 거예요. 예쁜 색을 고르려면 많은 경험이 필요하기 때문이에요. 예쁜 색을 고르는 손쉬운 방법은 전문가가 사용한 색을 이용하는 것이에요. 색을 가져오는 방법은 먼저 예쁜 색이 사용된 이미지의 파일을 찾아서 포토샵으로 불러옵니다. 이미지 파일이 없다면 화면 캡처를 통해 이미지 파일로 저장하면 돼요. 이미지를 불러왔다면 전경색 박스를 클릭하여 [Color Picker] 대화 상자를 엽니다. 그런 다음 마우스 포인터를 [Color Picker] 대화 상자에서 벗어나도록 위치시켜 보세요. 그러면 마우스 포인터 모양이 스포이드 모양으로 바뀌어 있을 거예요. 이는 클릭한 위치에 있는 색을 불러오겠다는 표시예요. 불러온 이미지에서 예쁜 색이 있는 위치를 클릭하면 색이 선택돼요. [Color Picker] 대화 상자에 색이 선택되면 [OK] 버튼을 클릭해서 색 선택을 완료합니다. 이렇게 하면 예쁜 색을 골

전문가가 선택한
색 가져오기

화면 캡처는 캡처 프로그램을 이용하면 편리하다. [알캡처] 프로그램(https://www.altools.co.kr) 추천.

라서 작업물에 반영할 수 있어요. 처음 색을 선택할 때는 직접 색을 선택하기 보다 전문가가 선택한 색을 이용하여 색에 친숙해지기 바랍니다. 기본 없이 마음대로 색을 지정하는 습관은 결코 좋은 색을 선택하는데 큰 도움이 되지 않기 때문이에요. 그러므로 전문가의 색을 눈여겨보고 다루어 보면서 색에 익숙해진 후 나만의 색을 찾아보는 것이 좋은 색을 고르는 비결입니다.

작업하다 보면 색을 선택할 때는 정말 이쁜데 막상 사용해보면 이상하게 보이는 경우가 발생하곤 할 거예요. 이는 사용한 색과 주변 색과 잘 어울리지 않아서 생기는 문제예요. 색은 혼자만이 사용되는 것이 아니라 어울려야 비로소 색이 완성되기 때문이지요. 주변색과 어울리는 색을 선택하기 위한 색대비 등등 여러 가지 이론이 존재하지만 이론을 안다고 색대비를 잘하는 것은 아니더라고요. 색대비를 잘 맞추려면 앞에서 말한 것처럼 전문가가 만든 디자인을 눈여겨보는 것이에요. '이 디자이너는 이 배경색에 이 색을 조합했는데 잘 어울리네. 잘 어울린다!'라고 생각하는 색은 스크린 캡처해서 보관해두거나 메모를 해두면 나중에 색 선택할 때 많은 도움을 얻을 수 있어요. 이렇게 참조하다 보면 어느새 전문가처럼 색을 잘 선택하는 자신의 모습을 볼 수 있을 거예요.

또는 사용 환경에 따라 색이 달라 보일 수도 있습니다. 특히

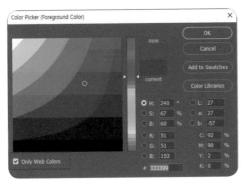

[Color Picker] 대화 상자에서 웹 안전 컬러를 선택한 장면

홈페이지나 SNS에서 사용할 웹용 이미지를 만들 때는 좀 더 색을 고를 때 신중해야 합니다. 사용자의 모니터 환경에 따라 같은 색도 모니터마다 다른 색으로 보일 수 있기 때문이에요. 그래서 이러한 문제를 막기 위해서 웹 안전 컬러Web Safe color가 만 웹안전컬러들어 졌습니다. 웹 안전 컬러는 사용자의 모니터 환경이 달라도 크게 색이 달라보이지 않은 안전한 색들을 모은 것을 말해요. 웹 안전 컬러를 사용하려면 [Color Picker] 대화 상자에 있는 [Only Web Colors] 항목을 체크하면 된답니다. 그러면 팔레트 구조가 바뀌는 것을 볼 수 있는데 이곳에는 모니터 특성에 따라 다르게 보일 만한 색을 제외한 216가지의 안전 컬러만 선택할 수 있어요. 웹 안전 컬러를 사용하지 않더라도 모니터 영향을 많이 받는 형광색 빛이 도는 색들을 피한다면 안정적인 색을 고를 수 있답니다. 손쉽게 색을 고르는 방법에 대해서 알아보았는데 좀 더 색을 보다 정교하게 선택하는 방법은 다음 강좌에서 알아보겠습니다.

컬러차트 정교하게 색 선택하는 비법!

#기본색명 #계통색명 #관용색명 #[HSB] 색 모델 #[RGB] 색 모델 #HTML 색상 코드
#[Lab] 색 모델 #[CMYK] 색 모델

수많은 색 중 내가 원하는 색을 고르기 위해서 색에 이름을 부
여한답니다. 이름이 있어야 색을 선택하고 공유할 수 있으니까
요. 한국 산업 규격에서 지정한 색의 이름은 흔히 사용하는 빨
강, 파랑 등의 기본이 되는 색 15개를 지정하여 기본색명이라고   기본색명
정의하고 있고, 기본색에 '밝은' '어두운' 등의 표현을 덧붙여서   계통색명
표현한 계통색명이 있습니다. 그리고 계통색을 사물에 빗대어
보다 직관적으로 표현한 관용색명이 있어요. 예를 들어 '분홍'이   관용색
라는 기본색에서 흰색이 섞인 색을 '흰 분홍'이라고 계통색명으

로 사용하고 있고 이 색을 보다 직관적인 표현인 '벚꽃색'이라
는 관용색명을 사용할 수 있답니다. 이렇게 이름을 사용해서 색
을 구분하지만 수많은 색을 표현하기 어렵기 때문에 이름보다
는 숫자나 기호로 표시한 색 모델을 사용합니다. 체계적인 규칙
으로 구성한 이러한 색 모델은 보다 정확하고 더 많은 색을 손
쉽게 표현할 수 있기 때문에 실무에서 주로 사용한답니다.

색에 관련된 여러 단체에서는 이미 오래전부터 색을 수치화
시키는 데 노력해왔어요. 이러한 업체마다 사용하는 표기 방법
과 특징들이 제각기 다르고 사용 용도에 따라 선호되는 업체도
달라요. 포토샵에서는 이 중에서 대표적인 4가지의 색 모델을
지원합니다. [Color Picker] 대화 상자를 열어 보면 색 정보를 확
인할 수 있어요. 그럼 어떤 색 모델을 지원하는지 알아볼까요.

먼저 [HSB] 색 모델에 대해서 알아볼게요. [Color Picker] 대   [HSB]색모델
화 상자에서 오른쪽 상단에 [HSB]가 위치해 있는 것을 찾아
볼 수 있을 거예요. [HSB]는 색을 표현하는 데 사용하는 색조
(Hue), 채도(Saturation), 명암(Brightness) 수치를 이용하여 색
을 기호화합니다. 색조는 색상을 말하고, 채도는 색의 탁함 정
도를 말하고, 명암은 색이 밝고 어두움 정도를 말하는 용어예
요. 색조는 360개의 각도로 구분하고 채도와 명암은 강도에 따
라 0부터 100까지 백분율로 입력하여 값을 지정할 수 있어요.

위의 [Color Picker] 대화 상자를 살펴보세요. 위의 그림처럼 세로 색상 보드에서 파란색 계열을 선택해보세요. 그러면 [H] 항목에 수치가 표시될 거예요. 세로 막대에서 위로 올라갈수록 수치는 높아지고 아래로 내릴수록 수치는 낮아집니다. 이번에는 사각형 색상 보드에서 왼쪽 하단을 클릭해보세요. 그러면 [S]와 [B]의 값이 '0'이 될 거예요. 이 상태에서 위로 서서히 드래그해서 올려보세요. 그러면 [B]의 수치가 높아지고 왼쪽에서 오른쪽으로 드래그하면 [S]의 값이 높아지는 것을 볼 수 있습니다. 정리하면 세로 색상 보드는 색조(Hue), 사각형 색상 보드에서 가로 방향의 변화는 채도(Saturation), 세로 방향의 변화는 명암(Brightness)임을 알 수 있습니다. 색을 선택한 후 표시되어 있는 HSB 값을 기록해두었다가 언제든지 [Color Picker] 대화 상자를 열고 이 값을 입력해서 같은 색을 선택할 수 있답니다.

다음은 [RGB] 색 모델에 대해서 알아보겠습니다. [RGB] 코드는 가장 대표적인 웹용 색상 코드로 빛의 3원색인 빨강(Red), [RGB]색모델

[Color Picker] 대화 상자에 정육면체 아이콘 또는 경고 아이콘이 표시되는 경우가 있는데 정육면체 아이콘은 웹에서 사용하기에 안전하지 않은 컬러임을 알려주고 경고 아이콘은 인쇄 시 안전하지 않은 컬러임을 알려준다.

87

초록(Green), 파랑(Blue)의 값을 0~255 수치를 지정할 수 있습니다. 0은 색이 없는 단계이고 수치를 높일수록 진해지다가 가장 높은 255는 해당 색이 가장 진한 단계로 지정됩니다. 그럼 문제를 내 볼까요? R:255 G:0 B:0은 무슨 색일까요? 앞에 설명한 규칙을 적용하면 빨간색이라는 것을 알 수 있겠죠. 그러면 검은색과 흰색은 코드가 무엇일까요? RGB는 빛의 3원색을 이용하는 색이라고 이야기했죠? 빛이 없으면 어떻게 될까요? 빛이 없으면 색이 없는 검은색이 되고 반대로 빛이 너무 세면 색이 오버되어 흰색이 될 거예요. 그래서 검은색은 R:0 G:0 B:0, 흰색은 R:255 G:255 B:255가 된답니다. 이러한 특징을 가지고 있기 때문에 RGB 코드는 웹디자인 등 화면용으로 디자인할 때 가장 많이 사용하는 대표적인 색 모델이랍니다.

다음은 RGB 밑에 있는 HTML 색상 코드에 대해서 알아보겠습니다. HTML 색상 코드는 # 기호와 함께 6개의 코드로 지정되어 있어요. 코드는 영문과 문자로 구성되는데 RGB의 색을 각각 2자리로 나누어서 구성하여 총 6개의 코드로 표현합니다. 간단하게 RGB 코드를 좀 더 쉽게 표현해둔 코드라고 생각하면 됩니다. 이 코드는 간단하게 6개의 코드로 색을 선택할 수 있어 보통 HTML 문서 등 프로그램 코딩 시 색을 지정할 때 주로 사용합니다.

HTML 색상 코드

다음은 Lab 모델에 대해서 알아보겠습니다. Lab는 국제조명 위원회(CIE)에서 지정한 색 모델이에요. L은 명도(Lightness)로 색의 밝기를 나타내는 것으로 0~100 수치로 지정하고, a는 빨 강과 초록, b는 노랑과 파랑 중 어떤 색에 더 치우쳐져 있는지 는 -100~+100 수치로 표시합니다. 예를 들어 빨간색이라면 a 는 -100, 파란색이라면 a는 100이 되겠죠. 이 모델의 특징은 명 도가 색과 독립적으로 분리되어 있어 조명에 따라 달라 보일 수 있는 색을 예측할 수 있도록 설계되어 있고 RGB나 CMYK 보다 더 많은 색을 표현할 수 있다는 장점을 가지고 있는 색 모델입 니다.

다음은 CMYK 색 모델에 대해서 알아 볼게요. 인쇄용 색을 지 정할 때 사용하는 가장 대표적인 코드로 물감의 4색인 사이언 (Cyan), 마젠타(Magenta), 옐로우(Yellow), 블랙(blacK) 색상의 농도를 백분율로 지정한 모델입니다. 보통 C100 M50 Y20 K0 식으로 색을 표현해요. 컬러를 선택할 때 사용하는 컬러 차트의 색 목록을 보면 위와 같이 CMYK 코드로 색 정보를 표현하는 것을 볼 수 있답니다.

4가지 색 모델에 대해서 알아보았어요. 처음 접하는 분은 굉 장히 복잡하게 보일 수 있지만 일반적인 작업에서는 굳이 5가 지 색상 코드 모두 알 필요도 없어요. 그냥 RGB 코드만 잘 알아두세요. 색을 선택하면 표시되는 RGB 코드의 값을 적어두고 적어둔 색을 다시 사용하고 싶을 때는 적어둔 코드를 입력하면 언제든지 같은 색을 선택할 수 있다고 알아두면 됩니다. 친구에게 색을 알려줄 때도 '벽돌색 같은 주황색'이라고 하지 말고 'R200 G50 B0'이라고 불러 주면 전문가처럼 보일 거예요. 그리고 웹 디자이너라면 RGB뿐만 아니라 HTML 코드도 많이 사용하므로 잘 알아두어야 합니다. 이것 또한 # 기호로 시작하는 6자리 코드라는 것만 기억하면 됩니다. HTML은 연결된 6자리 코드라서 기록해두기도 편리하고요.

그리고 출판 인쇄 업무를 하신다면 CMYK 코드만 잘 알아두도록 합니다. "색이 너무 탁하다. 엠백으로 올리고 케이영으로 조절해봐!"라고 해도 단번에 마젠타 100%(M100), 블랙 0%(K0)으로 조절하라는 것쯤은 알아차려야 한답니다.

강좌 16 | [Paint bucket Tool]
예쁘게 색 잘 채우는 비법!

#[Paint bucket Tool] #카툰 그리기 #라이닝 # 선택 영역 확장하기 #선택 영역 축소하기
#컬러링

색을 채우려면 색을 채울 영역을 선택하고 채울 색을 고른 후에 채우기 도구를 이용하여 색을 채웁니다. 이때 색을 채울 때 사용하는 도구가 바로 [Paint bucket Tool] 예요. 이 도구를 클릭하고 선택 영역을 클릭하면 영역에 색이 채워집니다.

[Paint bucket Tool]

색 채우기는 어떤 상황인가에 따라 동작이 달라요. 아무것도 없는 빈 문서에서 영역 선택 없이 채우기를 실행하면 문서 전체에 색이 채워지고 이미지 중 특정 위치를 클릭하면 클릭한 곳의 색과 비슷한 색의 영역에 색을 채웁니다. [Magic Wand Tool]의 옵션과 동일하게 [Tolerance], [Anti-alias], [Contiguous] 옵션을 이용하여 색을 채울 영역에 대한 관용도, 곡률 처리, 밀접한 영역 선택을 지정하여 색을 채울 수 있어요. 그러나 영역 선택 없이 밀접한 색으로 채우는 경우는 거의 없다고 봐도 돼요.

보통 채우기는 영역을 선택해서 채우는 경우가 대부분이죠.

영역을 선택하지 않고 색 채우기를 실행한 경우(왼쪽)와 울타리를 영역으로 지정한 후 색을 채운 경우(오른쪽)

선택한 영역에 색을 채울 때는 새 레이어를 만들어서 다른 레이어에 별도로 색을 채우기를 권장합니다. 레이어를 만들어두면 상황에 따라 색이 채워진 레이어를 삭제해서 색을 지우거나 편집하기 용이하기 때문이에요.

그러면 색을 채울 때 레이어별로 어떻게 색을 채우는지 카툰 제작을 통해 알아볼게요. 카툰은 어떻게 만들어질까요? 디자이너마다 방식이 다르겠지만 보통은 종이에 스케치합니다. 컴퓨터에서 직접 스케치하기보다 종이에 스케치하는 것이 좋은 결과를 얻을 수 있기 때문이에요. 스케치를 했다면 종이를 스캔을 통해 이미지로 가져옵니다. 스캔은 스캐너 장비를 이용하여 종이의 내용을 이미지로 가져올 수 있답니다. 이렇게 스캔한 이미지를 포토샵으로 불러온 다음 새 레이어를 추가하고 펜툴을 이용하여 스케치의 선에 맞추어 새롭게 선을 그려 줍니다. 이 작

카툰그리기

스캐너→207p

[Pen Tool] 선그리가→151p

폐곡선으로 이루어진 영역을 [Magic Wand Tool] 도구로 클릭해서 영역을 선택한 후 [Expand]로 '1'로 설정해서 영역을 확장하면 선택 영역이 선에 걸치게 된다.

업을 라이닝^{lining}이라고 해요. 라이닝을 할 때는 가능한 색채움 라이닝
이 편하게 하기 위해 선의 끊김 없이 연결한 폐곡선으로 작업
한답니다. 라이닝 작업이 완료되면 색을 채우기 위해서 색을 채
울 면을 [Magic Wand Tool] 도구로 클릭해보세요. 선을 폐
곡선으로 그렸기 때문에 선으로 둘러싸인 면만 선택이 될 거
예요. 선택한 영역을 살펴보면 아무리 섬세하게 영역을 선택해
도 선과 선택 영역에 빈틈이 생긴답니다. 이러한 빈틈을 없애
기 위해서 선택 영역을 조금 확장해 줍니다. [Select]-[Modify]- 선택 영역 확장하
기

선이 있는 이미지가 있는 레이어에서 [Magic Wand Tool] 도구로 칠할 영역을 클릭하면 선으로 막힌 해당 영역이 선 택된다.

스캔한 이미지를 불러온 후 새 레이어를 추가하고 펜툴로 스케치 선을 따라 그린다. 스케치 이미지는 감추기로 설정하면 펜툴로 그린 선만 나타난다.

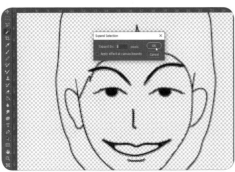

스케치 선 영역에서 폐곡선으로 막힌 부분을 [Magic Wand Tool] 도구로 클릭해서 영역을 선택한다. [Expand] 도구로 선택 영역을 확장한 후 새 레이어를 추가해서 색을 채운다.

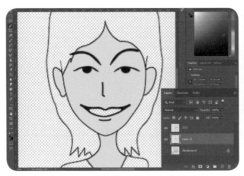

색을 채운 레이어를 선이 있는 레이어 밑으로 이동한다. 같은 방법으로 색을 채워 꾸민다.

레이어마다 이름을 지정한 경우

[Expand] 메뉴를 클릭한 후 확장하려는 크기를 픽셀 수치로 입력합니다. 보통 '1~2' 정도를 입력합니다. 이 메뉴는 선택한 영역을 입력한 수치만큼 넓혀 주는 기능을 해요. 반대로 선택한 영역에서 조금 축소시키고 싶다면 [Select]-[Modify]-[Contract] 메뉴를 실행하면 된됩니다. 이렇게 영역 선

선택 영역 축소하기

택이 되었으면 새 레이어를 추가한 후 색을 고르고 [Paint bucket Tool] 도구로 선택 영역을 클릭해서 색을 채웁니다. 선에 넘치게 색이 채워지면 색을 채운 레이어 목록을 선이 있는 레이어 밑으로 드래그해서 선 이미지가 색을 채운 레이어 위에 위치하도록 꾸밉니다. 같은 방법으로 색을 채워서 꾸밉니다. 폐곡선이 아닌 영역은 색을 채울 수 없으므로 선 밑에 새 레이어를 위치시킨 후 [Brush Tool]을 이용하여 붓터치하여 색을 그립니다. 색을 칠했으면 레이어마다 일일이 레이어 이름을 지정해두면 관리하기 편하답니다. 이와 같이 색을 채우는 작업을 컬러링coloring이라고 합니다.

컬러링

컬러링에 익숙해지면 밝은 부분과 어두운 부분으로 나누어서 색을 세밀하게 칠해 보세요. 그러면 한층 입체감 있는 그림을 만들 수 있답니다.

선이 있는 이미지는 하나의 레이어로 만들고 채색은 영역별로 다른 레이어로 만들어두면 관리하기 편하다.

드로잉 잘 다루는 비법!

#타블렛 #[Pencil Tool] #[Brush Tool] #[Hardness] # [Enable airbrush-style build-up effects] #[Pencil Tool] #앨리어스 #안티 앨리어스 #앨리어스를 지원하지 않는 경우 #도트 작업 #앨리어스를 지원하는 경우

컴퓨터로 그림을 그리려면 붓과같이 그림을 그릴 수 있는 입력 도구와 그린 내용을 처리해 주는 프로그램이 필요합니다. 포토샵은 이러한 그림을 그릴 때 사용하는 대표적인 프로그램이에요. 보통 포토샵에서 그림을 그릴 때 그리는 도구로 사용할 수 있는 기본 입력 도구는 마우스가 있지만 작업하기 매우 까다로워서 실제로 그림 그리기용으로 사용하기는 어려워요. 그래서 전문적으로 그림을 그리는 디자이너들은 타블렛이라는 입력 장치를 이용한답니다. 이 장치는 펜과 펜의 입력을 인식하는 패드로 구성되어 패드 위에 펜으로 그리면 마치 종이 위에 그린 것처럼 정교하게 그린 선이 그대로 입력됩니다. 그러나 손

타블렛

패드에 펜으로 그림을 그리는 타블렛　　　패드에 화상이 나타나는 화상 타블렛

은 패드에 있고 눈은 모니터를 보고 그리다 보니 능숙하게 그림을 그리려면 많은 연습을 통해 적응이 필요하던 장비랍니다. 최근에는 패드에 화면이 출력되는 장치가 출시되어 패드 위에 표시된 화면 위에 바로 그림을 그릴 수 있어서 매우 편리해졌어요. 빠르게 그림을 그려야 하는 웹툰 작가들이 이러한 화상 타블렛을 많이 이용하고 있지요. 그러나 편리한 만큼 가격도 만만치 않기 때문에 선뜻 장만하기는 어려운 제품이랍니다.

아무튼 이러한 드로잉 작업이라는 그림 그리기를 할 때 사용하는 입력 도구는 선의 두께가 일률적으로 비슷한 펜과 살짝 그리면 옅게 그려지고 강하게 누르면 누를수록 선이 굵어지는 붓으로 크게 나눌 수 있어요. 포토샵에서는 전자처럼 일률적인 선을 그릴 때는 ✏️[Pencil Tool] 도구를 사용하고, 후자처럼 붓터치 느낌을 만들어주는 도구는 🖌️[Brush Tool] 도구를 사용합니다. 이 중에서 먼저 🖌️[Brush Tool] 툴에서 대해서 알아보겠

[Pencil Tool]

[Brush Tool]

습니다. [Brush Tool] 도구를 클릭하면 나타나는 상단의 옵션 막대에서 붓 모양의 내림 단추를 클릭해서 붓의 속성을 변경할 수 있어요. [Size]에는 붓의 두께를 설정하고 [Hardness]는 번짐 정도를 설정합니다. [Hardness]를 높게 설정하면 붓의 테두리가 깔끔한 직선이 만들어지고 낮게 설정하면 붓의 테두리의 번짐 정도가 커집니다. 부드러운 선을 그리고 싶다면 [Hardness]를 조절해서 원하는 붓터치 느낌을 만드세요. 길게 누를수록 진하게 표시되는 브러시를 만들고 싶다면 [Enable airbrush-style build-up effects] 버튼을 클릭해서 선택해 주면 됩니다. 이외에 다양한 형태의 브러시를 사용하고 싶다면 붓 모양 목록에서 사용하고 싶은 브러시 모양을 선택하면 됩니다. 복잡하죠. 너무 기능 설명에 얽매이지 말고 마음대로 옵션을 조절해서 사용해 보세요. 하다 보면 각 옵션의 기능을 이해할 수 있을 거예요. 브러시 옵션을 설정했으면 색을 고른 후 브러시를 그릴 곳을 드래그해서 선을 그립니다.

[Hardness]

[Enable airbrush-style build-up effects]

마우스로 선을 그린 경우. 브러시 두께 100px인 상태에서 [Hardness] 값을 각각 0%, 50%, 100%로 설정한 경우. 마우스로 그린 경우 기본 선은 두껍지만 마우스 버튼을 길게 눌렀을 때 선이 서서히 두꺼워지지만 타블렛 펜만큼 깊지는 않음.

타블렛 펜을 이용하여 선을 그린 경우. 브러시 두께 100px인 상태에서 [Hardness] 값을 각각 0%, 0%, 50%, 100%로 설정한 경우. 두 번째는 펜을 서서히 깊게 눌러서 그린 경우. 타블렛 펜을 사용한 경우 기본 선은 얇지만 깊게 누를수록 두꺼워짐.

다음은 [Pencil Tool] 도구에 대해서 알아볼게요. 이름만 봐도 무엇을 하는 도구인지 알 수 있겠죠. 말 그대로 연필 느낌을 주는 드로잉 도구입니다. 기본적으로 [Brush Tool]과 달리 번짐 효과가 없이 진한 선으로 표현되고 선의 외곽에도 앨리어스 효과가 없어 곡선을 그릴 때 외곽선이 울퉁불퉁하게 그려집니다. 앨리어스Alias란 곡선을 부드럽게 보이도록 처리해 주는 기능으로 앨리어스를 지원하지 않는 안티 앨리어스Anti-alias로 설정하면 곡선이 지글지글한 거친 선이 그려집니다.

그럼 앨리어스 기능이 항상 좋은 것인가? 꼭 그렇지는 않습니다. 모니터는 픽셀이라는 작은 점으로 구성한다고 했던 거 기억하시나요. 픽셀은 사각형 모양으로 구성되어 있어 곡선을 바르게 처리하기 어렵죠. 그래서 곡선 부분에 층이 지게 됩니다. 부드러운 느낌은 없지만 계단층처럼 선이 깔끔해서 선을 지우거나 선을 추가하는 보정 작업을 해도 이질감 없이 깔끔한 작업을 할 수 있어요. 투박하지만 정갈한 느낌을 주기 때문에 앨리어스를 제거하고 그림을 그리곤 합니다. 이와 같이 픽셀의 느낌

[Pencil Tool]

앨리어스

안티 앨리어스

앨리어스를 지원
하지 않는 경우

[Brush Tool]은 블러 효과가 있으며 길게 누르고 있으면 진해지는 효과가 있고 [Pencil Tool]은 경계면이 거칠고 번짐이 없음

을 살려 그림을 그리는 방식을 도트dot 작업이라고 합니다. 이모
티콘이나 마인크래프트와 같은 게임 캐릭터 등에 많이 사용되
고 있습니다.

　이번에는 앨리어스를 지원하는 경우에 대해서 살펴볼게요.
앨리어스를 지원해서 그린 선을 확대해서 보면 앨리어스가 없
을 때의 계단층 사이에 선의 경계면의 안쪽과 바깥쪽에 중간색
들이 임의로 채워져 있음을 볼 수 있어요. 예를 들어 노란색 배
경에 빨간색 선을 그렸다면 경계면에 노란색과 빨간색의 중간
색인 주황색 계열의 색들로 채워지게 됩니다. 이 기능 때문에
계단층 사이가 부드럽게 처리되어 곡선이 부드럽게 보이게 됩
니다. 굉장히 좋은 기능이지만 보정할 때만큼은 그렇지 않아요.
앨리어스가 없을 때는 선택한 색만 사용되는 것에 비해 앨리어

도트그래픽으로 제작된 알라딘 게임

노란색 배경에 빨간색 선을 안티 앨리어스(왼쪽)으로 그린 경우와 앨리어스(오른쪽)로 그린 경우. 앨리어스로 그린 경우 경계선이 중간색으로 채워져 있다.

스 기능을 넣으면 수많은 색으로 구성된 중간색 때문에 선의 일부를 지우거나 수정하면 수정한 부분이 확연히 티가 나게 되므로 보다 정교하게 작업해야 합니다. 이러한 문제 때문에 앨리어스를 적용하여 그림을 그릴 때는 편하게 수정하기 위해 내용별로 레이어를 나누어서 작업하는 습관을 들이는 게 중요해요.

이미지 잘 자르는 비법!

#[Crop] #[Crop Tool] #[Trim] #[Fill] 대화 상자 #[Content-Aware]
#[Content-Aware Move Tool]

이미지에서 원하는 부분만 남기고 나머지 부분을 잘라내 버리고 싶을 때 이미지 자르기 기능을 이용하는데 포토샵에서는 이 기능을 가위로 종이를 오려내듯이 이미지에서 원하는 부분을 잘라내주기 때문에 크롭Crop이라고 부릅니다. 크롭을 사용하는 방법은 이미지에서 남기고 싶은 부분을 영역 선택 도구로 선택한 후 [Image]-[Crop] 메뉴를 클릭하면 선택한 영역만 남고 [Crop] 나머지 부분은 삭제됩니다. 매우 간단하죠. 작업 시 많이 사용되기 때문에 단축키가 있으면 편리할 텐데 아쉽게도 이 기능은 단축키를 제공하지 않아서 일일이 메뉴로 실행해야 한답니다.

[Crop]으로 이미지를 자르는 장면

[Trim]으로 이미지에서 불필요한 여백을 삭제하는 장면

도구 모음에 있는 [Crop Tool] 도구를 이용해서 작업할 [Crop Tool]
수도 있어요. 도구를 선택한 다음 자르고 싶은 영역을 마우스로
드래그하면 영역이 표시됩니다. 조절점을 드래그해서 영역을
조절할 수 있고요. 조절이 끝났다면 (Enter)를 눌러 작업을 완료
합니다.

잘라내는 방법 중 이미지에서 색이 없는 흰색 바탕의 여백 부
분을 알아서 잘라주는 기능도 있어요. [Image]-[Trim] 메뉴를 [Trim]
클릭하면 나타나는 대화 상자에서 기본값을 유지한 후 [OK] 버
튼을 클릭하면 이미지 중 이미지 요소가 없는 흰색 여백 부분만
삭제하여 사각형 영역으로 만들어 줍니다. 크롭 기능으로 작업
할 수도 있지만 더 빠르게 여백을 삭제해 주기 때문에 작업 시
간을 조금이라도 덜 수 있어요.

이번에는 레이어가 있는 상태에서의 삭제 기능을 알아보겠습
니다. 여러 레이어가 존재하는 경우 삭제할 영역을 선택한 다음
(Del)를 눌러서 삭제하면 선택된 부분이 뻥 뚫리고 바로 밑에 위

작업을 설정한 후 작업을 적용하려면 [ENTER] 키를 누르고 작업을 취소하려면 [ESC] 키를 누른다.

이미지 밑에 레이어가 없는 경우 이미지의 일부를 삭제 시 삭제한 부분이 모자이크로 표시되는 경우

치해 있는 레이어에 있는 이미지가 보이게 돼요. 만일 밑에 레이어가 없다면 빈 부분을 표시하는 바둑판 모양의 모자이크로 표시될 거예요. 이 부분은 아무것도 없다는 것을 뜻하는 거예요. 만일 해당 레이어 밑에 이미지가 있는 레이어가 있다면 뚫린 부분에 이미지가 보이게 된답니다.

포토샵에서 첫 이미지를 불러오면 'Backgroud'라는 레이어 이름이 표시되는데 이 레이어는 가장 바닥에 있는 레이어라는 의미하며 기본적으로 잠금이 걸려 있어 편집 작업이 되지 않아요. 그래서 지우기를 실행하면 바로 삭제되지 않고 [Fill] 대화 상자가 나타난답니다. [Fill] 대화 상자는 선택된 영역을 어떻게 처리할지를 묻는 대화 상자입니다. [Contents]의 내림 버튼을 클릭하고 [Foreground color]를 선택하면 지울 부분을 전경색으로 채우고 [Background color]를 선택하면 배경색으로 채워줍니다. 정말 재미있는 옵션은 바로 [Content-Aware]입니다.

[Fill] 대화 상자

[Content-Aware]

 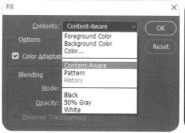 

[Content-Aware] 기능으로 이미지에서 달 부분을 자연스럽게 지운 장면

이 옵션을 선택하면 삭제할 부분에 있는 요소를 최대한 주위의
이미지와 잘 어울리도록 채워줍니다. 신기하고 재미있는 기능
이죠. 이 기능은 [Edit] 메뉴에서 [Fill]을 선택하면 언제든지 실
행할 수 있습니다.

그리고 [Content-Aware] 기능은 [Content-Aware Move
Tool] 도구 모음을 이용하여 작업할 수도 있어요. 이 도구는 이
미지에 있는 어떤 요소를 특정 위치로 이동해주면서 원래 있었
던 요소의 흔적도 남지 않도록 해줍니다. 이 도구를 이용하려면
[Content-Aware Move Tool] 도구를 선택하고 이동하고 싶
은 부분을 마우스로 드래그해서 영역을 설정합니다. 그런 다음
이동하고 싶은 위치로 드래그하면 기존 선택 영역에 있던 요소
는 지우고 최대한 주변과 비슷하게 보정하여 원래 선택 영역에
요소 이미지가 없었던 것처럼 만들어 줍니다.

[Content-
Aware Move
Tool]

[Content-Aware]는 최대한 보정해서 특정 요소가 없는 것처럼 만들어주는 기능이지만 항상 완벽하게 처리되지는
않는다.

이미지 사이즈 조절하는 비법!

#[Image Size] #이미지 크기 확인하기 #이미지 확대하기

스마트폰으로 촬영한 인물 사진을 명함 사진에 사용하려면 이미지의 크기를 명함 크기만큼 줄어야겠죠. 또는 작은 이미지를 A4 크기에 넣으려면 반대로 이미지를 크게 키워야 할 거예요. 포토샵은 이와 같이 이미지 사이즈를 조절하여 이미지 크기를 필요에 의해 크게 확대하거나 또는 작게 축소하는 작업을 할 수 있어요. 그렇다고 이미지 사이즈를 내 마음대로 조절해서는 안 돼요. 보통 사이즈 조절은 이미지 확대보다는 작은 크기로 줄일 때 효과적인데, 그 이유는 작은 이미지를 크게 변경하면 그 과정에서 화질 손실이 발생하기 때문입니다. 이미지 사이즈를 줄이면 이미지 크기만 주는 것이 아니라 이미지 파일 용량도 크게 줄어들기 때문에 파일 용량를 조절하기 위한 목적으로 실행되기도 한답니다.

예를 들어 인터넷에서 가져온 이미지를 포토샵으로 불러왔는데 이미지 사이즈뿐만 아니라 파일 용량이 너무 크다면 사용 목적에 맞게 줄여야겠죠. 이때 사용하는 기능이 이미지 사이즈 조절입니다. 사용 방법은 [Image]-[Image Size] 메뉴를 클릭하면 열리는 [Image Size] 대화 상자에서 옵션을 설정하면 됩니다. 먼저 [Width]와 [Height] 항목의 단위를 설정합니다. 웹용 작업이면 픽셀(Pixel), 인쇄용이라면 밀리미터(mm)로 바꿉니다. [Resolution]도 웹용이면 '72', 인쇄용이라면 '300'으로 설정해서 입력하도록 합니다. 아! 그런데 [Width] 값을 입력했더니 [Height] 값이 자동으로 바뀐다구요? 그건 [Width]와 [Height] 항목에 연결된 체인이 체크되어서 그렇습니다. 이 체인은 [Width]와 [Height]의 비율을 유지해주는 옵션으로 이 항목을 체크하고 한쪽의 값을 입력하면 다른 값도 비율에 맞게 자동으로 변경해줘요. 만일 가로로 800픽셀 크기로 설정하고 싶다면 [Width] 항목에 800을 입력만 해주면 [Height] 항목이 이미지 비율에 맞게 자동으로 설정된답니다. 그러므로 이미지 사이즈를 변경할 때는 체인 항목을 체크해 놓는 것이 좋아요.

[Image Size]를 실행하여 4280×2848(해상도 300)을 800×531(해상도 72)으로 변경하는 장면

이미지 크기를 변경했으면 🔍[Zoom Tool] 도구를 더블 클릭해서 실제 사이즈로 이미지를 확인합니다. 이미지 크기와 화질이 괜찮은지를 확인하고 만일 이미지 사이즈를 줄인 작업인데도 불구하고 오히려 이미지 화질이 원래보다 나빠다면 이미지 사이즈 작업이 잘못된 거예요. 다시 [Image Size]를 실행하여 [Resolution]을 제대로 설정했는지 다시 확인하거나 이미지 크기를 더 작게 줄이세요.

인쇄용 목적으로 이미지 크기를 조절할 때는 조금 더 많은 신경을 써야 합니다. 대부분 이미지가 웹용으로 설정되어 있기 때문에 인쇄용으로 사용할 때 적합한 크기가 무엇인지 가늠하기 어렵기 때문입니다. 적합한 크기를 확인하는 가장 좋은 방법은 먼저 [File]-[New] 메뉴를 실행한 후 [Print] 탭에서 [A4]를 선택해서 새문서를 엽니다. 그런 다음 작업할 이미지를 열고 Ctrl+A를 눌러 이미지 전체를 선택하고 Ctrl+C를 눌러 이미지를

이미지를 새 문서에 붙여 넣어 이미지의 실제 크기가 어떻게 되는지 확인하는 장면

복사합니다. 이렇게 하면 이미지가 PC 메모리에 저장되며 저장된 이미지는 붙여넣기를 통해 불러올 수 있어요. 복사한 이미지를 앞에서 만든 A4 크기의 새 문서에 붙여 넣기 위해서 해당 탭을 클릭해서 선택한 후 Ctrl+V를 눌러 복사한 이미지를 붙여넣습니다. 붙여진 이미지 크기를 통해 이미지가 A4 사이즈 크기에서 차지하는 실제 크기가 어느 정도인지 가늠할 수 있어요. 그리고 [Zoom Tool] 도구를 더블 클릭해서 실제 크기 비율에서 화질이 괜찮은지도 확인하도록 합니다.

이번에는 이미지 확대에 대해서 알아보겠습니다. 확대도 같은 방법으로 설정해서 작업할 수 있습니다. 그러나 앞에서도 설명했듯이 이미지는 여러 개의 픽셀로 구성되어 있는데 이미지를 확대하게 되면 픽셀과 픽셀의 간격이 넓어져 화질을 떨어뜨리는 문제를 발생시키므로 가급적 사용을 안 하는 것이 좋습니다. 하더라도 조금만 확대해서 사용하고 작업한 후에는 [Zoom Tool] 도구를 더블 클릭해서 실제 크기 비율에서 화질이 괜찮은지 확인하도록 합니다.

이미지 확대하기

이미지 크기 조절은 실제 작업에서 매우 많이 사용되는 도구 중 하나입니다. 카메라로 촬영한 이미지나 고해상도로 받은 이미지를 SNS나 기타 웹사이트에서 사용하기 위해서 적당한 크기로 조절하기 위한 목적으로 많이 사용됩니다. 웹용으로 사이

이미지를 확대할수록 화질이 떨어진다.

즈를 줄일 때 어느 정도 크기로 설정해야 할지 모르겠다면 현재 내가 사용하는 모니터 사이즈를 기준으로 크기를 상대적으로 측정해보도록 합니다. 내 모니터 해상도가 1920×1080이고 사용할 이미지가 모니터의 1/3 크기 정도로 보이게 사용하고 싶다면 1920을 3으로 나눈 크기만큼 조절하면 됩니다. 이와 같이 어림잡아서 크기를 확인해 볼 수 있습니다.

이미지 사이즈 크기를 줄일수록 화질은 더 좋아지고 이미지 사이즈 크기를 키울수록 화질은 더 떨어진다.

캔버스 사이즈 조절하는 비법!

#[Canvas Size] #[Anchor] #[Cavas extension color]

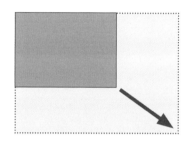

　　캔버스는 포토샵에서 작업하는 창을 가리키는 말이고 캔버스 사이즈를 조절한다는 것은 작업창의 크기를 조절하는 것을 의미합니다. 이미지 사이즈와 헷갈릴 수 있는데 이미지 사이즈가 이미지의 크기를 조절한다면 캔버스 사이즈는 이미지 크기는 변경하지 않고 작업창 크기만 변경하기 때문에 완전히 다른 작업이라고 볼 수 있어요. 보통 이미지를 작업하다가 캔버스가 작아서 내용을 다 담지 못하게 되었을 경우 캔버스 사이즈로 캔버스 크기를 넓힐 때 사용한답니다.

　　캔버스 크기를 변경하려면 [Image]-[Canvas Size] 메뉴를 클릭합니다. [Width]와 [Height] 항목에는 현재 캔버스 사이즈가 [Canvas Size]

캔버스 사이즈를 가로 6016 픽셀에서 8000 픽셀로 문서 오른쪽 영역으로 확장

표시되어 있을 거예요. 너비를 조절하고 싶으면 [Width], 높이를 조절하려면 [Height] 항목에 수치를 입력합니다. 기존보다 높은 수를 입력하면 넓어지고 수치를 작게 하면 좁아지게 되겠죠. 다음은 [Anchor] 항목에 기준점을 지정합니다. [Anchor]는 캔버스 크기를 변경할 중심을 지정하는 옵션입니다. 예를 들어 캔버스에서 오른쪽 영역을 넓히고 싶다면 [Anchor]에서 왼쪽을 클릭해서 이미지 중심을 왼쪽으로 잡으면 왼쪽을 중심으로 오른쪽 영역으로 넓어지게 됩니다. 만일 캔버스의 왼쪽과 아랫부분을 넓히고 싶다면 [Anchor]를 어디로 설정해야 할까요? 오른쪽 상단 부분을 클릭해서 중심을 이동해 주어야 왼쪽과 아랫부분 쪽으로 캔버스 크기가 확장됩니다. 이러한 방법으로 확장 영역을 지정해 주면 캔버스 사이즈가 변경됩니다. 이때 추가된 영역은 배경색에 설정된 색으로 채워집니다. 반대로 캔버스 사이즈

[Relative] 항목을 체크하면 [Width]와 [Height] 항목에 변경할 캔버스 크기의 값만 입력하면 된다.

를 줄이면 캔버스 크기가 줄어들어 지정한 수치만큼 이미지가 잘립니다. 하지만 캔버스 크기를 줄이는 일은 흔치 않겠죠?

　캔버스 크기가 확대되어 추가된 캔버스 영역의 배경에는 배경색으로 설정된 색이 채워진다고 했는데 만일 다른 색을 설정하려면 [Cavas Size] 대화 상어에서 [Cavas extension color] 항목의 색 단추를 클릭해서 배경에 채울 색을 별도로 지정할 수 있답니다.

[Cavas
extension color]

레벨로 쉽고 빠르게 색 보정하는 비법!

#[Levels] #[Curves] #[Levels] 자동 조절

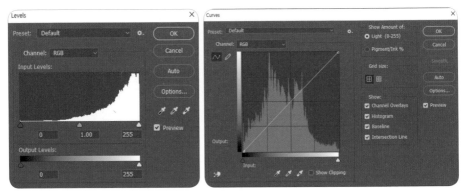

왼쪽은 [Levels] 대화 상자, 오른쪽은 [Curves] 대화 상자

포토샵을 사용하는 가장 일반적인 목적은 무엇일까요? 아마
사진을 예쁘게 보정하는 일이 아닐까요? 그중에서도 밝기 조절
을 가장 많이 사용할 거예요. 포토샵을 이용하여 어둡고 칙칙한
이미지를 밝고 화사하게 만들거나 너무 밝은 사진은 적절한 밝
기로 조절하는 등의 작업을 손쉽게 해결할 수 있지요. 포토샵으
로 밝기를 조절하는 방법은 다양합니다. 그중에서 가장 많이 사
용하는 방법을 뽑으라면 레벨Levels과 커브Curves 메뉴를 이용하   [Levels]
는 방법입니다. 이 기능은 사진의 밝기 조절뿐만 아니라 색감을   [Curves]
정리하고 사진을 또렷하게 만드는 역할을 해요. 레벨은 단계별
분포를 정리해서 보정하고 커브는 그래프 곡선을 조절해서 정

[Image] 메뉴에서 [Auto tone], [Auto Contrast], [Auto Color] 메뉴를 클릭해서 자동으로 색톤, 콘트라스트, 색감을
조절할 수 있다.

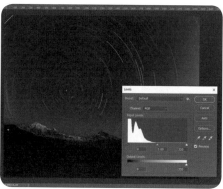

밝은 이미지는 그래프가 오른쪽으로 치우쳐 있고 어두운 이미지는 그래프가 왼쪽으로 치우쳐 있다.

리하는 방식이랍니다. 두 가지 방법 중 나에게 편한 방법을 선택해서 사용하면 됩니다. 여기서는 이 중에서 레벨을 중심으로 소개해 볼게요.

레벨값을 조절하는 방법은 이미지가 열려 있는 상태에서 [Images]-[Adjestments]-[Levels] 메뉴를 클릭하거나 Ctrl+L을 누르면 나타나는 [Levels] 창에서 조절할 수 있어요. [Levels] 창 가운데에 게이지가 있는데 이곳은 이미지의 밝기를 왼쪽 0부터 오른쪽 255까지 총 256 단계로 나눠 놓은 그래프입니다. 그래프 곡선이 오른쪽 부분에 치우쳐 있으면 이 이미지는 밝은 톤이 많이 있는 이미지임을 의미하고 반대로 왼쪽에 그래프가 높게 설정되어 있으면 매우 어두운 톤의 이미지임을 알 수 있답니다. 그래프 밑에는 3개의 조절점이 있는데 왼쪽 조절점은 가장 어두운 점, 가운데는 50% 밝기의 위치, 오른쪽 조절점은 가장 밝은 점을 지시하며 조절점을 마우스로 드래그해서 위치를

[Curves]를 열면 그래프에 대각선이 있는데 이 선을 클릭하면 고정점이 추가되고 선을 드래그하면 선의 모양이 휜다. 보통 S자 모양으로 조절한다. [Levels] 보다 보정이 어렵지만 색손실이 적다.

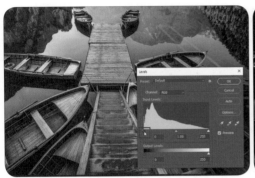

그래프에서 왼쪽의 조절점을 오른쪽으로 이동하면 이미지가 어두워진다.

조절하여 레벨의 시작과 중간 위치, 끝점을 지정할 수 있습니다. 레벨 그래프를 살펴보세요. 0에 위치해 있는 왼쪽 조절점의 그래프 곡선이 있나요? 이 부분의 그래프 수치가 높을수록 이미지에서 어두운 부분이 차지하는 영역이 많다는 것을 의미한답니다. 이 조절점을 오른쪽으로 살짝 이동하면 어떻게 될까요? 이동한 크기만큼 레벨 단계가 줄어들겠죠. 그만큼 색이 단조로워지고 어두운 부분의 레벨을 줄였기 때문에 색도 더욱 어두워지게 된답니다. 조절점을 변경하면 가운데에 위치해 있는 가운데 조절점도 적절한 위치로 재설정됩니다. 이와 같은 방법으로 가운데 조절점과 오른쪽 조절점을 조절하여 색을 보정할 수 있어요. 다시 정리하자면 레벨은 밝기로 구분되어 있는 256단계의 위치를 재설정하여 색을 보정하는 역할을 하는 기능을 합니다. 그리고 어두운 사진은 오른쪽 조절점을 왼쪽으로 이동하고 밝은 이미지는 왼쪽 조절점을 오른쪽으로 이동하면 적정한 톤으로 이미지를 보정할 수 있습니다.

[Levels] 대화 상자에서 [Auto] 버튼을 클릭하면 자동으로 레벨값을 조절해 준다. 자동값이 항상 바른 것은 아니므로 참고로 이용하며 [Alt]를 누르면 나타나는 [Reset] 버튼을 클릭해서 설정된 값을 초기화할 수 있다.

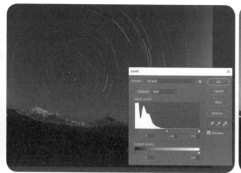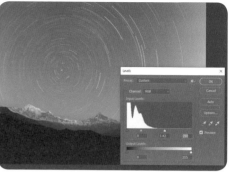

이미지에서 세개의 스포이드로 어두운 곳, 중간, 가장 밝은 곳으로 찍어 보정할 수 있다.

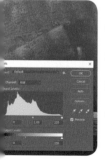

이외에 스포이드로 보다 간단하게 이미지를 보정하는 방법도 있어요. [Levels] 창 오른쪽에는 3개의 스포이드를 볼 수 있는데 왼쪽은 가장 어두운 위치, 가운데 스포이드는 중간 밝기의 위치, 오른쪽 스포이드는 가장 밝은 위치를 지정하는 스포이드입니다. 스포이드를 클릭한 다음 이미지에서 가장 어두운 부분을 클릭하고, 스포이드를 클릭한 다음 가장 밝은 부분을 찾아서 클릭하면 256 단계의 레벨이 자동으로 조절되면서 이미지를 보정합니다.

[Levels]자동조절

레벨의 가장 이상적인 그래프는 가운데가 볼록 나온 산 형태입니다. 밝은 부분과 어두운 부분이 적고 적정 노출 부분이 많이 분포되어 있는 이미지가 적절하며 레벨은 이러한 이상적인 상태로 만들어주는 최적의 도구라 할 수 있습니다.

보정을 통해 색이 화사하게 보이는 것은 실제로는 사용된 색수가 줄어들어 색 손실이 발생했다는 것을 의미하기도 한다.

밝기와 콘트라스트 다루는 비법!

#[Brightness/Contrast] #[Brightness] #화이트 홀 #[Contrast] #[Brightness/Contrast] 잘 조절
하는 방법 #[Levels]과 함께 사용하기

이미지를 보정할 때 기준이 되는 여러 가지 방법이 있는데 그
중에서 가장 많이 사용하는 기준이 밝기와 콘트라스트예요. 포
토샵에서는 [Image]-[Adjustments]-[Brightness/Contrast] 메뉴 [Brightness/
Contrast]
를 실행해서 이미지의 밝고 어둠을 조절하거나 색상 대비를 조
절할 수 있어요. 메뉴를 실행하면 나타나는 대화 상자에는 밝기
와 콘트라스트의 조절 막대가 보이는데 이 게이지를 드래그해
서 해당 값을 조절합니다.

옵션을 조절해 보면 각각 옵션이 어떤 기능을 하는지 대충 파
악할 수 있지만, 전문적인 작업을 하려면 기본 지식을 확실하게
알고 있어야 최적으로 활용할 수 있답니다.

먼저 밝기에 대해서 알아볼게요. 밝기란 보통 브라이트니스 [Brightness]
(Brightness)라고 부르는데 이 옵션을 조절하여 이미지를 밝게
또는 어둡게 만듭니다. 너무 어둡게 찍혀 윤곽을 확인할 수 없
는 사진도 브라이트니스를 올리면 사진이 전체적으로 밝아지
면서 어두워서 보이지 않았던 윤곽도 살릴 수 있습니다. 그럼
브라이트니스를 마음대로 사용해도 될까요? 아쉽게도 그러면
안 됩니다. 사진을 밝게 또는 어둡게 하는 작업은 이미지에 사
용된 색을 단순화시켜 이미지 색을 단조롭게 만드는 단점을 가
지고 있기 때문이에요. 그리고 밝기를 아주 심하게 올릴 경우
너무 밝아져 하얗게 되는 부분이 생길 수 있는데 이렇게 하얗
게 변한 곳을 화이트 홀이라고 부릅니다. 한번 하얗게 된 부분 화이트홀
은 추후 보정으로도 사라진 색을 되살릴 수 없게 됩니다. 그래
서 사진 보정 프로그램에는 사진에서 색 정보가 없는 부분을 별
도로 표시해주는 기능을 제공하기도 합니다. 가급적 옵션을 과
도하게 조절하지 말고 최대한 흰색이 발생되지 않게끔 보정하
도록 합니다.

[Brightness]의 값을 올려 사진을 밝게 만들 수 있다.

[Contrast]의 값을 올려 사진을 선명하게 만들 수 있다.

다음은 콘트라스트Contrast에 대해서 알아보겠습니다. 콘트라 [Contrast]
스트라는 단어는 들어 봤고 대충 무엇인지 알지만 막상 정의를
물어오면 정확하게 대답하기 어려운 용어 중 하나일 거예요. 콘
트라스트는 색대비를 말합니다. 예를 들어 푸른빛 배경에 흰색
꽃병이 있는 사진이 있다고 생각해 봅시다. 흰색 꽃병과 파란색
배경의 경계면을 잘 살펴보면 흰색과 파란색뿐만 아니라 회색,
연한 파란색 등 수많은 색들이 조밀하게 배치되어 있는 것을 볼
수 있을 거예요. 이러한 부분들이 실제로 보면 부드럽게 경계면
을 이루어 사진의 깊이를 만들어내는 효과를 내죠. 콘트라스트
는 이러한 흰색과 파란색의 색과 색의 차이를 의도적으로 조절
하는 옵션입니다. 콘트라스트를 올리면 흰색과 파란색 경계면
에 있는 수많은 색을 단조롭게 바꾸어주는데 실제로는 부드럽
게 보였던 경계면이 가위로 오려낸 듯이 반듯한 경계면으로 보
이게 됩니다. 그래서 콘트라스트를 올리면 사진이 선명해지는

어두워서 보이지 않는 머리결이 보이도록 보정한다.

효과를 얻을 수 있죠. 하지만 이는 사용된 색의 수를 줄여 색의 깊이를 떨어뜨리므로 색의 깊이가 너무 떨어지지 않는 범위 안에서 이미지를 선명하게 만들도록 합니다.

밝기와 콘트라스트에 대해서 좀 이해가 되셨나요. 그래도 막상 조절해보면 어떻게 해야 잘 조절했는지 모르실 거예요. 간단하게 잘 조절하는 방법을 알려 드릴게요. 밝기와 콘트라스트를 조절할 때 사진에서 가장 어두운 부분을 찾으세요. 그리고 그 부분의 디테일이 보이는지 확인합니다. 즉 어두운 부분이 까맣게만 보이는 것이 아니라 어두운 부분의 결 모양이 보이는지를 파악하는 것입니다. 그리고 밝기와 콘트라스트를 조절할 때 어두운 부분의 결이 보이는 단계까지만 조절합니다. 예를 들어 인

[Brightness/
Contrast]잘 조
절하는 방법

밝은 부분과 어두운 부분이 극명하게 나뉘는 이미지 같은 경우에는 영역 선택 도구로 보정할 부분을 나누어서 보정하면 좋은 효과를 얻을 수 있다.

물 사진을 보정할 때 머릿결의 디테일이 보일 때까지 조절을 하면 돼요. 머리가 시커멓게만 보인다면 머릿결이 보일때까지 밝기를 조금 올리도록 하세요. 너무 밝으면 다른 부분까지도 너무 밝아지는 문제가 생기므로 머리결이 보이는 단계까지만 밝기를 올리면 됩니다. 그리고 색 정보가 없는 흰색 영역이 생기지 않도록 신경만 써주면 좋은 보정 결과를 얻을 수 있어요.

[Brightness/Contrast]는 [Levels]과 차이는 있지만 매우 비슷한 효과를 제공하고 있으며 개인적으로 [Brightness/Contrast]보다 [Levels]을 선호하는 편이에요. 보통 [Levels]을 통해 보정한 후 이미지 속 대상을 좀 더 부각시키고 싶을 때 [Brightness/Contrast]를 실행하여 [Contrast] 옵션을 살짝 조정해 선명도를 올려서 보정을 완성하곤 합니다. 그러나 사실 보정 방식에 정답은 없답니다. [Brightness/Contrast]와 [Levels]을 두루 사용해보면서 둘의 차이점을 이해하고 나에게 맞는 방법을 찾아보세요.

[Levels]과 함께 사용하기

강좌 23 | [Hue/Saturation]
색체와 선명도 다루는 비법!

#[Hue/Saturation] #[Hue] #[Colorize] #[Saturation] #[Lightness]

[Hue/Saturation] 대화 상자

'전문가가 촬영한 사진을 보면 선명한데 내가 찍은 사진은 하나같이 칙칙하게 나올까? 렌즈가 싸구려라서 그런가?' 하며 장비 탓을 한 적이 한 번쯤은 있지 않나요? 소위 쨍한 사진을 찍으려면 촬영할 대상에 적당한 조명이 필요해요. 전문가들은 한 장의 사진을 얻기 위해서 수많은 조명을 체계적으로 세팅하는 등 많은 공을 들여서 촬영하기 때문에 멋진 사진이 나올 수 있는 거랍니다. 그럼 전문적인 조명을 사용할 수 없는 우리들은 멋진 사진을 찍을 수 없는 것일까요? 아닙니다. 우리한테는 포토샵이라는 구세주가 있으니까요. [Hue/Saturation] 메뉴를 이용하면 칙칙한 이미지를 화사하게 만들 수 있답니다. [Image]-

[Hue/
Saturation]

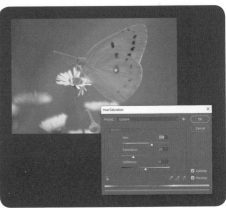

[Hue] 옵션에서 이미지 색을 변경할 수 있다. [Colorize] 항목을 체크하면 색감이 선택한 색으로 완전히 바뀌게 된다.

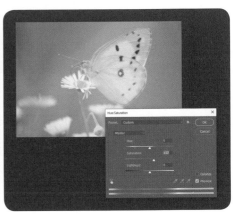

[Saturation] 옵션의 게이지를 왼쪽으로 이동하면 색이 칙칙해지고 오른쪽으로 이동하면 색이 화사해진다.

[Lightness] 옵션의 게이지를 왼쪽으로 이동하면 검은색으로 어두워지고 오른쪽으로 이동하면 흰색으로 밝아진다.

[Adjustments]-[Hue/Saturation] 메뉴를 실행하면 [Hue], [Saturation], [Lightness] 항목이 나타나는데 각각 색채, 선명도, 밝기를 조절하는 옵션으로 해당 게이지를 조절해서 이미지를 보정할 수 있어요. 그럼 각각의 항목이 어떤 기능을 하는지 알아보겠습니다.

[Hue]는 색을 말해요. 딸기는 빨간색, 바나나는 노란색이라고 부르듯이 사람의 눈으로 느끼는 색을 말하며 이러한 색상을 임의로 변경하는 옵션이 바로 [Hue]입니다. [Hue] 게이지를 조절하면 이미지의 전체적인 색이 바뀌는 것을 볼 수 있어요. 즉, 원래의 이미지에서 선택한 색이 살짝 감돌게 만들어주는 것을 말해요. 만일 이미지 전체의 색을 바꾸고 싶다면 [Colorize] 항목을 체크하고 조절합니다. 그러면 이미지 전체의 색이 완전히 바뀌게 됩니다. 이 옵션은 보통 단색의 컬러 느낌을 주는 듀오톤 사진을 만들 때 효과적으로 사용할 수 있답니다. [Hue]

[Colorize]

다음은 [Saturation]에 대해서 알아볼게요. [Saturation]은 색의 선명도를 조절하는 옵션이에요. 게이지를 오른쪽으로 조절하면 색이 선명하게 바뀝니다. 이 옵션이 바로 칙칙한 하늘같이 밋밋했던 색감을 화사하게 만들어주는 역할을 합니다. 옵션을 과하게 설정하면 인위적으로 보이므로 조금씩만 조절해서 사용하도록 합니다. [Saturation]

다음은 [Lightness], 이 옵션은 [Brightness]와 같이 밝기를 조절해 주는 옵션이에요. [Brightness]가 이미지의 색을 유지하면서 이미지 전체를 밝게 또는 어둡게 만드는 옵션이라면 [Lightness]는 이미지 색을 흰색 또는 검은색으로 바꾸어 주는 옵션이에요. 게이지가 오른쪽으로 이동하면 이미지는 서서히 뿌옇게 변하고 왼쪽으로 이동해보면 서서히 검은색으로 변한답니다.

[Lightness]

[Hue/Saturation]에 대해서 알아보았는데 실제 작업에는 [Saturation] 옵션을 많이 사용합니다. 옵션을 살짝 올려 주면 칙칙한 색을 화사한 색으로 만들어 주기 때문이지요. 간단한 작업으로 선명한 사진을 얻을 수 있기 때문에 사진 보정 시 자주 사용하는 기능이랍니다. 이 효과를 이용할 때 주의할 점은 과도한 보정은 오히려 사진을 인위적으로 만들 수 있다는 것입니다. 가능한 조금만 조절해서 최적의 효과를 얻도록 하세요.

컬러를 흑백으로 변환하는 비법!

#[Black & White] #[Grayscale] #듀오톤 이미지 #[Mode] #[RGB Color] #[CMYK Color] #[Grayscle Color] #채널 #[8 Bits/Channel]

　　사진 보정을 많이 다뤄본 사람들이 이구동성으로 하는 말이 있어요. 흑백사진은 보정하기 어렵다는 것입니다. 특히 인쇄용으로 사용할 흑백사진은 더욱 힘듭니다. 컬러사진인 경우 여러 색으로 이루어져 있어서 한 가지 색이 제대로 표현되지 않아도 나머지 색이 받쳐주기 때문에 큰 문제를 발견하기 어려워요. 하지만 흑백은 검은색 한 가지로 이루어져 있어 조금만 어두워도 색이 뭉쳐 질감이 사라지기 때문에 질감을 유지하면서 흑백의 고유의 느낌을 살리기가 쉽지 않기 때문이에요. 이러한 불편함을 조금이나마 해소해 주는 기능이 바로 [Black & White]입니다. [Image]-[Adjustments]-[Black & White] 메뉴를 실행하면 [Black & White] 이미지는 자동으로 흑백으로 변환되고 이미지에 사용된 6가지

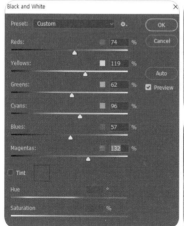

[Black anf White]로 컬러사진을 흑백사진으로 만들 수 있다.

색상에 대한 흑백의 농도를 각각 조절할 수 있도록 해줍니다. 이미지에 사용된 색들의 농도를 조절하여 흑백 변환 시 잃어버릴 수 있는 질감을 살릴 수 있답니다. 보통 [Image]-[Mode]-[Grayscale] 메뉴를 눌러 한 번에 흑백으로 변환할 수 있지만 [Black & White]를 이용하면 농담을 섬세하게 설정한 흑백사진으로 변환할 수 있어요.

[Grayscale]

그리고 [Black & White]를 이용하면 흑백뿐만 아니라 두 가지 색으로 이미지의 분위기를 연출할 수 있는 듀오톤 이미지도 손쉽게 만들 수 있어요. [Black & White] 대화 상자에서 [Tint] 항목을 체크하고 색상 버튼을 클릭해서 사용할 색을 지정한 다음 [Hue]와 [Saturation] 항목을 조절하면 선택한 색을 가지는 예쁜 듀오톤 사진을 꾸밀 수 있어요.

듀오톤 이미지

앞에서 [Mode]에 대해서 언급되었는데 [Mode]는 이미지의 컬러 형식과 비트를 설정하는 메뉴로 이미지에 지정된 모드를 확인하거나 변경할 수 있어요. 보통 [RGB Color]를 주로 사용하는데 용도에 맞지 않은 컬러 모드를 사용하면 작업에 문제가 발생하므로 상황에 따라 필요한 컬러 모드로 변경해야 해요. 예를 들어 CMYK로 변경하면 CMYK 모드를 지원하지 않는 GIF, PNG로 저장할 수 없게 되고 Grayscale 모드로 변경하면 자동으로 흑백 이미지로 변환됩니다. 이러한 변화가 생기는 이유는 채널 때문입니다. 채널^{Channel}이란 이미지를 구성하는 색체계의 개

[Mode]

[RGB Color]

[CMYK Color]
[Grayscle Color]

CMYK 모드로 변환되면 [Filter gallery] 등 지원하지 않는 기능이 있으므로 지원하지 않는 문제가 발생하면 모드를 [RGB]로 바꾸도록 한다.

[Tint] 항목을 체크하고 색을 지정하여 듀오톤 사진을 만들 수 있다.

수를 말하는 것으로 RGB는 3채널(레드, 그린, 블루), CMYK(사 _{채널}
이언, 마젠타, 옐로, 블랙) 4채널이며, Grayscale은 1채널(블랙),
Duotone은 2채널(두 가지 색 선택)을 가집니다. 그러므로 RGB
이미지를 Grayscale로 변경하면 흑백 1채널로 변환되어 이미지
가 흑백으로 바뀌게 되고 4개 채널을 가지는 CMYK로 변환하면
3개 채널만 지원하는 PNG나 GIF 이미지 파일로 저장할 수 없
게 된답니다.

그리고 [Mode]에는 비트에 대한 구분도 설정할 수 있는데
대부분 [8 Bits/Channel]을 기본으로 사용합니다. 더 높은 비트 _[8 Bits/Channel]
를 사용하면 보다 많은 색을 사용할 수 있지만 16,777,216색 이
상은 육안으로 구분도 어려울뿐더러 그만큼 파일 용량이 늘어
나기 때문이에요.

복잡하죠. 간단하게 [RGB Color]을 기본으로 사용하고
출력물로 작업할 경우에 컬러는 [CMYK Color]로, 흑백은
[Grayscale]로 작업한다고 알아두면 됩니다.

[8 Bits/Channel]이란 채널당 8비트를 지원한다는 의미이다. 즉, 8비트는 256색이므로 3채널이면 16,777,216색을
지원한다는 의미이다.

강좌 25 | [Photo Filter]
사진 필터 사용 비법!

#[Photo Filter] #[Warming Filter] #[Cooling Filter]

[Photo Filter] 대화 상자

영화를 보면 전체적인 색감이 블루톤 느낌이 나기도 하고 어떤 영화를 보면 레드톤 느낌이 나기도 한 것을 본 적이 있을 거예요. 렌즈 앞에 색이 있는 필터를 장착하고 촬영하면 특정 색감이 나는 영상을 촬영할 수 있답니다. 이와 같이 포토샵도 필터 효과를 주어 사진에 특정 색감이 돌게 만들 수 있어요. [Image]-[Adjustments]-[Photo Filter] 메뉴를 클릭해서 실행한 후 [Fliter] 항목에서 색 필터를 선택하면 이미지에 선택한 색이 반영됩니다. [Fliter] 항목에는 따스한 느낌을 주는 [Warming Filter]와 시원한 느낌을 주는 [Cooling Filter] 색 목록이 나타납니다. 이리 저리 필터를 바꿔보면서 원하는 느낌을 필터를 선택

[Photo Filter]

[Warming Filter]
[Cooling Filter]

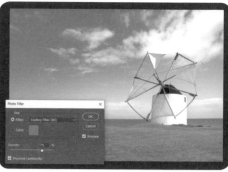

필터의 색을 변경하여 이미지의 색조를 바꿀 수 있다.

합니다. 그리고 색의 농도를 조절하고 싶다면 [Density] 항목의 게이지를 조절해서 색감의 농도를 조절합니다. [Fliter] 항목에 없는 다른 색을 사용하고 싶다면 [Color] 항목의 색상 버튼을 클릭한 후 효과를 넣을 색을 선택하면 됩니다.

　[Photo Filter]는 듀오톤 느낌의 사진이나 특정 색이 감도는 사진을 만들 때 사용하는 도구로 분위기 있는 사진을 연출할 때 많이 사용한답니다.

이미지를 나누어 관리해주는 레이어 사용 비법!

#레이어 #레이어 구성 #[Link layers] #[Add a layer style] #[Add layer mask]
#[Create new fill or Adjustment layer] #[Create a new group] #[Create a new
layer] #[Deleter layer] #[Indicateds layer visibility] #레이어 목록 이름 변경 #여러
개 레이어 목록 합치기 #레이어 필터링 #[Lock All] #[Fill] #[Opacity] #레이어 복제

요즘에야 CG로 제작하지만 예전에는 손으로 직접 그려서 애
니메이션을 만들었어요. 그 당시의 애니메이션을 지금 보면 프
레임이 적어 움직임도 단조롭고 끊김도 있고 조악함을 느낄 수
있겠지만 당시에는 참 재미있게 보았던 기억이 있어요. 이상
하게도 옛날 애니메이션에는 항상 질주하는 자동차 장면이 항
상 등장했답니다. 수평 방향으로 자동차가 달리는 단조로운 장
면이죠. 그 장면을 잘 살펴보면 배경은 움직이는
데 자동차는 고정되어 있다는 사실을 알 수 있어
요. 수작업으로 제작했던 옛날 애니메이션에서
는 투명 필름에 그림을 그려서 장면을 만들었는
데 앞에서와 같은 장면을 만들려면 한 장의 투명
필름에 배경을 그리고 두 번째 필름에는 자동차
를 그립니다. 그리고 두 필름을 겹쳐두면 배경에
대상이 있는 것처럼 보이게 되겠죠. 이 상태에서
촬영을 하여 프레임을 만든 후 배경이 있는 필름
을 오른쪽으로 살짝 이동시킨 후 다시 촬영해서

자동차는 고정되어 있고 배경만 이동된 프레임을 연결하면 자동차가 질주하는 것처럼 보인다.

두 번째 프레임을 만듭니다. 이와 같은 방법으로 프레임을 만든 후 연결하면 마치 자동차가 달리는 것처럼 보이게 됩니다. 다음과 같이 만들면 일일이 배경과 자동차를 그리지 않아도 되고 언제든지 자동차가 그려진 필름 대신 오토바이가 그려진 필름을 넣어서 손쉽게 대상을 바꿀 수도 있겠죠. 이러한 편리함 때문에 수작업으로 그리던 애니메이션에서 자주 사용되었던 방식입니다. 포토샵의 레이어가 바로 이와 같은 기능을 합니다.

포토샵에서는 투명 필름처럼 독립적인 요소를 담고 있는 것을 레이어^{layer}라고 합니다. 간단히 우리말로 바꾸면 층이라는 레이어 의미로 레이어마다 이미지를 따로따로 그릴 수 있을 뿐만 아니라 레이어별로 보이거나 감추거나 또는 효과를 주는 등의 작업을 할 수 있어요. 포토샵에서 레이어를 빼고 논할 수 없을 정도로 매우 중요하며 그만큼 많이 사용되고 있는 기능이므로 잘 이해해두어야 합니다.

먼저 레이어의 구성을 살펴볼게요. 레이어를 관리하는 레이

어 패널은 화면 오른쪽 하단에 위치해 있는데 이곳에서 레이어 상태를 확인할 수 있어요. 이미지를 불러오거나 새 문서를 열면 처음에는 'Backgroud'라는 이름의 기본 레이어가 만들어집니다.

레이어 패널은 새 레이어를 추가하거나 레이어 목록에서 작업할 레이어 목록을 선택해서 작업 내용을 추가하거나 특정 레이어를 삭제하고 복제하는 등의 여러 가지 작업을 할 수 있답니다. 레이어의 특징을 알아보기 전에 레이어 패널 밑단에 위치해 있는 도구들을 살펴볼게요.

Link layers | 여러 개의 레이어를 하나의 레이어처럼 묶어주는 도구입니다. Shift를 누른 상태에서 하나로 묶고 싶은 레이어 목록들을 클릭해서 선택한 후 해당 버튼을 클릭하면 레이어 목록에 체인 모양이 표시됩니다. 체인으로 묶으면 하나의 레이어처럼 관리되어 [Move Tool]로 위치를 이동하면 체인으로 묶은 레이어들이 함께 이동됩니다.

fx Add a layer style | 선택한 레이어에 효과를 주는 도구입니다. 레이어를 선택하고 해당 버튼을 클릭하면 나타나는 목록에서 사용하고 싶은 효과를 선택해서 적용합니다. 선택한 요소에 그림자를 만들어 주는 드롭쉐도우나 이너쉐도우, 볼록한 효과를 주는 베벨 엠보 효과 등을 설정할 수 있어요.

[Layer Style]
→177p

■ Add layer mask ┃ 벡터 마스크를 적용합니다.

[Add layer mask]→180p

◉ Create new fill or Adjustment layer ┃ 선택한 레이어에 포함된 이미지에 이미지 보정 효과를 적용합니다.

▣ Create a new group ┃ 여러 개의 레이어를 하나의 레이어 그룹으로 묶습니다. 레이어가 많고 종류별로 분류하고 싶을 때 레이어들을 선택해서 하나의 그룹으로 만들 수 있어요. 그룹이 만들어지면 그룹에 추가하고 싶은 레이어 목록을 마우스로 드래그해서 그룹에 언제든지 레이어를 추가할 수도 있답니다. 같은 방법으로 여러 개의 그룹으로 만들어서 관리할 수도 있어요.

⊞ Create a new layer ┃ 선택되어 있는 레이어 위에 새 레이어를 추가합니다.

🗑 Delete layer ┃ 선택한 레이어를 삭제합니다.

아직 레이어가 무엇인지 감이 안 잡히죠? 레이어의 특징을 알아보기 위한 좋은 예가 있습니다. 두 개의 원을 겹쳐보는 것입니다. 레이어를 이용하는 경우와 이용하지 않는 경우에 따라 어떤 차이가 있는지 알아보면서 레이어의 특징을 살펴보겠습니다. 레이어를 이용하지 않은 경우에는 ◌ [Eliptical Marqee Tool] 도구를 이용하여 파란색 원을 그린 후 살짝 겹치도록 빨간색 원을 그리면 이미지가 고정되어 다시는 원의 위치를 변경하거나 원을 삭제하는 작업을 더 이상 할 수 없게 돼요.

이번에는 레이어를 이용할 경우를 생각해 볼게요. 파란색 원을 그린 후 새 레이어를 위에 추가하기 위해서 🔲 [Create a new layer] 버튼을 클릭합니다. 레이어가 추가되면 새 레이어에 빨간색 원을 그려봅니다. 원을 다 그렸으면 ✛ [Move Tool] 도구를 선택한 다음 빨간색 원을 클릭하고 드래그해 보세요. 그러면 빨간색 원만 위치를 이동할 수 있을 거예요. 그뿐만 아니라 레이어 패널에서 해당 레이어 목록을 아래 레이어 목록 밑으로 드래그해서 위치를 이동시킬 수도 있어요. 그러면 빨간색 원이 파란색 원 밑으로 이동되겠죠. 이와같이 레이어를 이용하면 요소별로 나누어서 작업을 할 수 있답니다.

레이어를 이용하면 레이어에 있는 내용을 감추게 할 수 도 있어요. 레이어 목록을 살펴보면 왼쪽에 눈동자 모양의 아이콘 (👁 [Indicateds layer visibility])이 있을 거예요. 이 버튼을 클릭해보세요. 그러면 아이콘 모양이 비활성 상태로 바뀌고 해당 레이어에 있는 이미지는 보이지 않게 됩니다. 삭제된 것은 아니니까 놀라지는 마시고요. 언제든지 눈동자 아이콘을 클릭해서 활성화하면 해당 레이어의 이미지가 나타난답니다.

[Indicateds layer visibility]

이번에는 레이어 이름에 대해서 알아볼게요. 레이어의 이름은 'Layer1' 식으로 설정되는데 레이어 개수가 많아지면 구분하기 어려워져요. 이때 레이어에 이름을 내용에 맞게 입력해두면 보다 쉽게 레이어를 확인할 수 있어요. 레이어 이름을 바꾸려면 레이어 이름을 더블 클릭해서 편집 상태로 바꾼 후 변경할 이름을 입력해서 수정할 수 있어요. 레이어 이름은 가능한 간략하

레이어 목록이름 변경

게, 내용에 맞게 구별이 가능하도록 작성합니다. 레이어가 많아지면 해당 레이어가 무엇인지 확인하기 어려워져요. 그러므로 처음 본 사람도 해당 레이어에 무엇이 담겨 있는지 한 번에 파악할 수 있도록 이름을 입력합니다. '남자아이-얼굴-왼쪽 눈썹'과 같이 하이픈으로 구분해서 표시하면 좀 더 효율적인 관리를 할 수 있겠죠.

여러 개의 레이어를 하나의 레이어로 합칠 수도 있어요. 더 이상 레이어 편집이 필요 없는 이미지들은 레이어를 하나로 합치면 관리하기 편하겠죠. 합칠 레이어들을 [Shift]를 누른 상태에서 레이어 목록을 하나하나 클릭해서 선택한 다음 레이어 패널 오른쪽 상단에 위치해 있는 옵션 버튼()을 누르고 [Merge Layers] 메뉴를 클릭해서 선택한 레이어를 하나의 레이어로 합칠 수 있답니다.

여러 개 레이어 목록 합치기

이번에는 좀 더 자세하게 레이어 패널 구조에 대해서 살펴볼게요. 레이어 패널에는 여러 개의 옵션들이 즐비하게 구성되어 있는데 첫 줄에 있는 옵션은 레이어가 많을 때 원하는 종류의 레이어만 골라서 찾아줄 때 사용하는 옵션이에요. 예를 들어 T 버튼을 클릭하면 레이어 목록 중 텍스트가 입력된 레이어만 보이게 된답니다. 그리 많이 사용되지는 않는 옵션이에요.

레이어 필터링

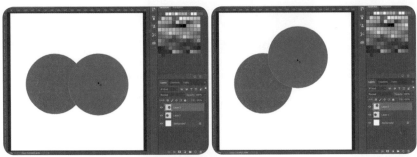

각각의 원을 다른 레이어로 만들어 두면 원 위치를 마음대로 변경할 수 있다.

레이어 목록을 위 또는 아래로 드래그해서 위치를 변경하여 우선 순위를 바꿀 수 있다.

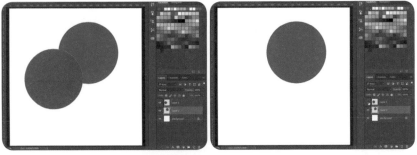

눈동자 아이콘을 클릭해서 해당 레이어의 이미지를 보이지 않게 할 수 있다.

여러 개의 레이어를 하나의 레이어로 합칠 수 있다.

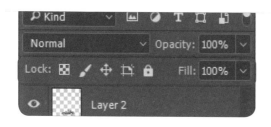

그리고 'Lock' 이라고 씌어 있는 줄이 있는 이곳은 레이어에서 해당하는 영역별로 수정하지 못하도록 잠그는 기능을 합니다. 브러시 버튼을 선택하면 해당 레이어에 브러시를 사용하지 못하게 하고 이동 버튼을 선택하면 해당 레이어의 이동을 막는 기능을 합니다. 이중 가장 많이 사용하는 옵션은 🔒 [Lock All]입니다. 말 그대로 해당 레이어에 어떤 작업도 하지 못하게 고정시키는 도구 입니다. 레이어를 고정시키면 작업 중 레이어의 요소가 불필요하게 선택되지 않겠죠. [Lock All]

그리고 옆에 [Fill]이 있는데 이는 해당 레이어의 색 농도를 조절하는 기능을 해요. 레이어에 있는 이미지의 색을 조금 연하게 조절하고 싶을 때 [Fill] 게이지를 조금 낮춰주면 됩니다. 그리고 바로 위에 위치해 있는 [Opacity]는 해당 레이어를 투명하게 해주는 옵션으로 투명도를 높일수록 해당 레이어가 투명해지면서 바로 아래 레이어에 위치해 있는 이미지가 비쳐 보이게 된답니다. [Fill]과 [Opacity]는 서로 비슷하면서도 다르므로 직접 조절해보면서 어떤 차이가 있는지 느껴보도록 하세요. [Fill] [Opacity]

이번에는 레이어 작업 중 정말 많이 사용되는 레이어 복제에 대해서 알아볼게요. 레이어 복제란 선택한 레이어와 같은 레이

(왼쪽)레이어 목록을 🔲 버튼으로 드래그해서 복제할 수 있다. (오른쪽)이미지 일부를 선택해서 복사하고 붙여넣기를 실행하면 복사했던 이미지가 새 레이어에 만들어 진다.

어를 하나 더 만드는 작업을 말하는 것으로 레이어를 복제하여 보관 용도로 사용하거나 다음 섹션에서 알아볼 레이어 블렌딩 효과를 줄 때 사용하는 등 다양한 용도로 사용됩니다. 레이어를 복제하려면 레이어 패널에서 복제할 레이어 목록을 오른쪽 클릭한 다음 [Duplicate layer] 메뉴를 클릭하거나 레이어 목록에 마우스 포인터를 위치한 다음 레이어 패널 밑에 위치해 있는 🔲 [Create a new layer] 버튼까지 드래그해서 만듭니다.

레이어복제

그리고 레이어에 있는 이미지의 일부를 복제하는 작업도 많은데 레이어에서 복제할 영역을 선택 영역으로 지정한 다음 Ctrl+C를 누른 후 Ctrl+V를 누르면 새 레이어에 복제한 이미지가 붙여져요.

레이어에 대해서 간략하게 알아보았는데 레이어는 포토샵의 핵심이라고 할 정도로 매우 중요한 기능이에요. 디자이너들도 워낙 수정 사항이 많기 때문에 작업물들을 레이어로 나누어서 작업한답니다. 작업을 추가할 때마다 레이어로 만들어두면 언제든지 이전 상태로 되돌리거나 수정하기 편리하거든요. 여러분도 작업을 할 때 항상 레이어를 복제해 두는 습관을 들이도록 하세요.

이미지의 일부를 선택해서 새 레이어에 붙여 넣으려고 할 때 같은 위치에 붙여 넣을 수 있다. 영역을 선택하고 복사한 후 [Edit]-[Paste Special]-[Paste in Place] 메뉴를 클릭하면 같은 위치에 복사한 이미지가 새 레이어에 붙여진다.

레이어 블렌딩 효과 사용 비법!

#블렌딩으로 사진 밝게 만들기 #레이어 복제 #[Screen] 블렌딩 #블렌딩으로 사진 어둡게
만들기 #[Multiple] 블렌딩 #블렌딩으로 사진 합성하기

　　레이어 기능 중 레이어 블렌딩 옵션이 있어요. 블렌딩^{blending}
이란 섞는다는 뜻으로 2종 이상의 원두로 배합하여 만든 커피
를 블렌딩 커피라고 말하듯이 레이어에서 사용하는 블렌딩도
두 개 이상의 레이어를 배합하여 다양한 효과를 연출하는 기능
을 말합니다. 레이어 블렌딩 효과를 사용하려면 우선 두 개 이
상의 레이어가 존재해야 합니다. 두 개의 다른 이미지를 블렌딩
하거나 레이어를 복제하여 같은 이미지 여러 개를 블렌딩해서
사용하기도 합니다. 두 개의 레이어 중 상위에 있는 레이어를
선택하고 레이어 패널에 있는 블렌딩 내림 버튼을 누르고 블렌
딩 종류를 선택해보세요. 그리고 [Opacity]를 조절하여 투명도
를 조절하면 특별한 효과를 만들 수 있답니다.

　　어두운 사진을 밝게 만들거나 밝은 사진을 어둡게 만들 때
도 블렌딩 효과를 많이 사용합니다. 어두운 사진을 밝게 만들
려면 사진이 있는 레이어를 선택하고 레이어를 클릭한 상태에
서 ⊞[Create a new layer] 버튼까지 드래그해서 레이어를 복

블렌딩으로 사진
밝게 만들기

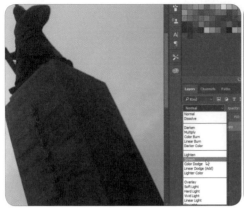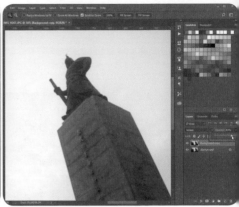

레이어를 복제한 후 [Screen] 블렌딩을 적용한 후 [Opacity]로 밝기를 조절하여 어두운 사진을
밝게 만들 수 있다.

제합니다. 레이어를 ⊞[Create a new layer] 버튼까지 드래그 레이어 복제
하면 현재 선택되어 있는 레이어 위에 복제된 레이어가 만들
어집니다. 매우 자주 사용되는 기능이므로 잘 알아두도록 합
니다. 다시 돌아와서 복제한 레이어를 선택한 다음 레이어 블
렌딩을 [Screen]을 선택하면 어두운 사진이 밝게 만들어져요. [Screen] 블렌딩
[Opacity]를 이용하여 밝기 조절하여 적당한 밝기를 설정합니
다. 그래도 아직 어둡다구요. 그러면 같은 방법으로 레이어를
다시 복제한 후 [Screen] 블렌딩 효과를 넣어주면 더욱 밝게 만
들 수 있어요.

반대로 밝은 사진을 어둡게 만들려면 블렌딩 옵션을 블렌딩으로 사진
어둡게 만들기
[Multiple]로 바꾸어 주면 됩니다. 포토그래퍼들이 레이어 블렌 [Multiple] 블렌딩
딩으로 사진 보정을 많이 하는데 그 이유는 [Levels] 등의 색 보
정은 색 손실이 발생하는 데 비해 블렌딩은 색 손실 없이 사진

합성할 사진을 붙여 넣은 후 레이어 블렌딩으로 가장 잘 어울리는 옵션을 찾은 후 불필요한 부분을 [Eraser Tool] 도구를 이용하여 지운다.

을 밝게 또는 어둡게 만들어 주기 때문입니다.

두 개의 이미지를 자연스럽게 합성할 때도 블렌딩 효과를 효과적으로 이용할 수 있습니다. 예를 들어 어떤 이미지 위에 '새'가 있는 이미지를 겹치면 새의 배경 이미지 때문에 어울리게 배치되지 않겠죠. 이럴 때 '새' 이미지의 레이어를 선택하고 블렌딩 내림 버튼을 클릭하고 옵션 중 하나를 선택해봅니다. 옵션을 바꿔보면서 가장 잘 어울릴 만한 옵션을 선택하면 새의 배경이 날아가서 아주 간단하게 배경 이미지에 모형 비행기를 어울리게 배치시킬 수 있어요. 이때 새 이미지의 배경의 색이 단색이고 배경 이미지의 배경과 비슷할 때 효과적으로 이용할 수 있어요.

이외에도 블렌딩 옵션을 다양하게 활용할 수 있으므로 이리저리 만져보면서 나만의 효과를 만들어 보세요.

블렌딩으로 사진 합성하기

정교하게 영역을 선택하는 비법!

#[Pen Tool] #누끼 따기 #핸들 수정하기 #[Freeform Pen Tool] #[Path] 탭 #[Load
path as a seletion] #[Select and Mask] #[Inverse]

[Pen Tool]은 펜촉 모양의 아이콘 모양을 가지고 있는 도구로 정교하게 영역을 선택할 때 주로 사용합니다. [Lasso Tool]처럼 마우스나 타블렛 펜의 움직임에 따라 그려지는 것은 아니고 선을 그릴 영역을 클릭해서 점을 찍어 위치를 정한 후 선의 방향과 곡률을 지정해서 선을 그리는 벡터 방식을 이용한답니다. 이 도구는 일러스트레이터의 펜 툴과 비슷하지만 사용 목적은 조금 달라요. 일러스트레이터는 그림을 그리는 목적으로 많이 사용하는 것에 비해 포토샵은 영역을 정교하게 선택할 때 더 많이 사용되는 편입니다.

[Pen Tool]은 선택할 영역의 경계면을 펜 툴로 정교하게 그려서 설정하는데 보통 광고물에서 많이 볼 수 있어요. 광고를 보면 강렬한 색의 독특한 배경을 바탕으로 모델이 멋진 포즈를 잡고 있는 광고를 본 적이 있을 거예요. 이 광고 이미지는 어떻게 제작한 것일까요? 먼저 포즈를

[Pen Tool]

모델 촬영 후 기존 배경을 삭제한 후
새 배경과 글자를 넣어 꾸민 광고

모델이 있는 이미지와 배경에 사용할 이미지를 불러 온 다음 배경 이미지를 복사해서 모델이 있는 이미지에 붙여 넣는다.

배경 레이어는 위치 이동이 안되므로 모델이 있는 레이어의 잠금을 해제하고 배경이 있는 레이어 위로 드래그해서 위치를 변경한다.

잡고 있는 모델 사진을 촬영해야겠죠. 그리고 촬영한 사진에서 배경을 모두 지운 후 바닥에 레이어를 추가하여 배경에 사용할 색을 채워서 꾸민 것입니다. 이때 모델 사진에서 지울 배경을 선택할 때 사용하는 도구가 ✐ [Pen Tool]이랍니다. 흔히 누끼 따기라고 부르는 이 작업은 시간도 오래 걸리지만 많은 연습을 통해 능숙해져야 깔끔하게 배경을 지울 수 있어요.

누끼따기

작업 방법은 먼저 포토샵에서 배경에 사용할 이미지와 모델이 있는 이미지를 불러옵니다. 배경으로 사용할 사진을 선택한 다음 Ctrl+A, Ctrl+C를 눌러 이미지를 저장한 다음 모델이 있는 이미지를 선택한 다음 Ctrl+V를 눌러 모델 이미지 위에 배경 이미지를 배치시켜요. 모델 이미지의 레이어에는 자물쇠 아이콘이 표시되어 있을 텐데 이는 바닥에 있는 레이어는

복사 붙여넣기 없이 [File]-[Place Embedded] 메뉴를 실행해서 이미지를 선택하면 현재 이미지에 새로운 이미지를 새 레이어로 가져올 수 있다. 이때 추가된 레이어를 오른쪽 클릭 후 [Resterize Layer]를 선택해야 사용할 수 있다.

펜툴로 경계면에 점을 찍고 다음 위치를 찍은 후 드래그해서 곡률을 조절해가며 영역을 설정한다.

'Background' 이름으로 표시되고 위치를 고정할 수 없도록 설정되어 있기 때문이에요. 레이어 목록에 있는 자물쇠 아이콘을 클릭해서 고정을 해제해야 편집 작업을 할 수 있어요. 고정을 해제한 후 모델 이미지가 있는 레이어 목록을 위로 드래그해서 배경이 있는 이미지 위로 모델 이미지가 위치시키도록 합니다.

레이어 배치 준비가 되었으면 모델 이미지가 있는 레이어가 선택된 상태에서 [Zoom Tool] 도구로 배경을 지울 부분을 충분히 확대시키세요. 이미지를 크게 확대해야 좀 더 정교한 작업을 할 수 있어요. 작업 준비가 되었다면 [Pen Tool] 도구를 클릭해서 영역을 선택합니다. 영역을 선택하는 방법은 먼저 모델의 외곽면을 마우스로 클릭해서 조절점을 추가합니다. 그런 다음 두 번째에 추가할 위치를 클릭한 상태에서 마우스로 드래그해서 선의 곡률을 조절하여 영역을 잡습니다. 마우스 포인터를 놓으면 조절점 좌우에 핸들이 생기는 것을 볼 수 있는데 Ctrl이나 Alt를 누른 상태에서 핸들을 조절하여 선택 영역의

영역 선택 시 조절점을 마우스로 클릭하면서 바로 드래그하여 선의 곡률을 지정하면서 영역을 지정한다.

핸들 수정하기

곡률을 변경할 수 있어요. Ctrl을 누른 상태에서 핸들을 드래그하면 움직임에 따라 핸들의 방향이 변경되고 변경된 각도만큼 선의 곡률도 함께 변경돼요. Alt를 누른 상태에서 핸들을 드래그하면 조절점을 중심으로 선택한 핸들 쪽의 곡률만 변경되어 반대쪽 핸들과는 각도가 꺾이게 되죠. 상황에 따라 맞는 방법을 찾아서 작업하면 됩니다. 이 방법이 어렵다면 그림을 그리듯 드래그

Ctrl을 누르고 핸들을 움직인 경우와 Alt을 누르고 핸들을 움직인 경우

해서 영역을 선택하는 [Freeform Pen Tool] 도구를 이용해 보세요. 이 도구는 [Pen Tool] 도구에 묶여 있으므로 도구가 안보이면 [Pen Tool] 도구를 길게 누르면 나타나는 목록에서 선택해서 사용합니다.

[Freeform Pen Tool]

이와 같은 방법으로 점을 찍어서 영역을 모두 지정한 후 시작점으로 돌아와서 찍으면 영역 선택이 완성됩니다. 영역 선택이 끝나면 Esc를 눌러 작업을 완료하세요. 영역 선택이 완료되었다고 끝난 것이 아닙니다. 선택한 영역은 펜선 영역으로 깜박이는 선이 아니라 실선으로 표시되며 선택 영역으로 변환하기 전까지는 영역 선택으로 사용할 수 없어요.

펜 선으로 만든 영역을 선택 영역으로 변환하려면 레이어 패널에서 [Paths] 탭을 클릭해야 합니다. 이곳에는 펜 선으로 선택한 영역들을 확인하고 관리할 수 있게 해줍니다. [Paths] 패널을

[Path]탭

영역 설정 완료 후 [Pen Tool] 도구가 선택된 상태에서 [Ctrl]을 누르고 영역을 클릭하면 편집 모드로 변경된다.
[Ctrl]을 누르고 조절점을 드래그해서 위치를 이동할 수 있고 [ALT]를 누르고 드래그해서 곡률을 변경할 수 있다.

[Path] 패널에서 [Load path as a seletion] 버튼을 클릭해서 선택 영역으로 바꾼다.

확인해 보면 [Pen Tool] 도구로 선택한 영역이 목록으로 표시되어 있을 거예요. 펜 선으로 작업한 영역을 선택 영역으로 만들려면 목록 중 펜 선으로 만든 영역이 등록되어 있는 목록을 클릭한 후 패널 하단에 위치해 있는 버튼 중 ⬚[Load path as a seletion] 버튼을 클릭하면 선택 영역으로 바뀝니다. 그러면 실선으로 표시되었던 영역이 깜박이는 선으로 바뀌게 될 거예요. 선택 영역으로 바뀌었다는 표시랍니다.

[Load path as a seletion]

영역 선택이 완료되었으면 [Select]-[Select and Mask] 메뉴를 클릭합니다. 이 메뉴는 선택 영역을 부드럽게 처리하여 누끼 작업 시 지운 경계면을 자연스럽게 만들어 준답니다. 현재 인물이 선택된 상태이죠. [Select and Mask]를 실행한 후 오른쪽 옵션 중 [Transparency]를 조절하면 인물을 제외한 배경 부분이 투명하게 바뀌어 밑에 레이어에 있는 이미지가 비쳐보이게 됩니다. 이 옵션은 실제 이미지를 투명하게 처리하는 것이 아니라 인물 이미지와 밑에 레이어에 있는 배경 이미지가 잘 어울리는

[Select and Mask]

[Select and Mask]를 실행한 다음 [Transparency]를 100%로 조절하면 선택하지 않은 부분이 투명하게 처리되어 밑에 위치해 있는 레이어에 있는 배경 이미지가 보이게 된다. 각 옵션을 적절하게 설정하여 설정을 마무리한다.

지 확인하기 위해 인물 이미지의 배경을 투명하게 처리해주는 역할을 합니다. 그러므로 마음놓고 확인하기 편한 정도의 투명도를 조절해주면 된답니다. 그런 다음 밑에 위치해 있는 나머지 옵션의 게이지를 하나하나 조절해보면서 선택 영역이 가장 자연스러운 부분을 찾습니다. 조절이 완료되었으면 [OK]를 누릅니다.

이렇게 해서 영역 선택이 완료되었어요. 현재 인물 부분이 선택되어 있어 있을 거예요. 배경을 지우려면 인물 요소가 아니라 배경이 선택되어야 하므로 선택을 반전하는 메뉴인 [Select]- [Inverse] 메뉴를 클릭해서 배경 부분을 선택합니다. 배경이 잘 선택되었는지 확인한 후 Del 를 눌러 배경을 삭제하세요. 삭제된 부분에는 바닥 레이어에 위치해 있는 배경 이미지가 나타날 거예요. 삭제된 경계면이 자연스럽게 잘 처리되었는지 확인합니다.

[Inverse]

[Select and Mask] 작업시 [Zoom Tool] 도구로 경계면을 확대하여 옵션 변화에 따라 어떤 변화가 있는지 살펴보면서 작업하도록 한다.

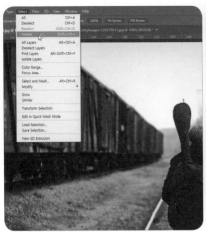

영역 선택을 반전하여 배경을 선택 지정한 후 삭제 작업을 진행한다. 모델이 있는 레이어의 배경 이미지를 지운 뒤엔 모델 이미지를 마우스로 드래그하며 자유롭게 위치를 옮겨 꾸민다.

누끼 따기는 큰 작업물일수록 작업이 어렵습니다. 작은 티도 눈에 띄기 때문이에요. 누끼 작업을 잘 하는 방법은 빨리 작업하려는 마음을 버리고 화면을 확대해서 차분하게 하나하나 영역을 선택하려는 습관을 들이는 것이 중요합니다. 그리고 펜 툴 작업에 익숙해지도록 많은 연습이 무엇보다 중요합니다. 전문가들도 큰 작업물 누끼 따기 작업에 한나절이나 걸린다는 사실을 기억하세요. 굳이 전문적으로 작업할 것이 아니라면 사용하기 어려운 [Pen Tool] 도구 대신 앞에서 알려드린 [Polygonal Lasso Tool] 도구로도 충분하게 영역 선택을 잘 할 수 있답니다.

[Polygonal Lasso Tool] 도구를 사용할 때는 화면을 최대한 확대한 후 곡선 부분을 짧은 직선으로 연결해서 선택하면 생각보다 정교하게 영역을 선택할 수 있다.

펜 툴로 드로잉하는 비법!

#[Pen Tool] 선 그리기 #라이닝 #[Stroke path with brush] #[Stroke]

[Pen Tool] 도구 자체에는 선 그리기 기능을 가지고 있지 않지만 선택한 영역에 선을 표시하는 방법으로 선 그리기로 이용할 수 있어요. 이 방법은 포토샵에서 직접 그림 그릴 때 사용하기 보다 스케치 이미지를 스캔해서 가져온 후 스케치 선 위에 새로 선을 그리는 라이닝 작업할 때 주로 사용합니다. 매우 힘든 작업이지만 깔끔한 선을 그리기 위해서 피해 갈 수 없는 작업이기도 하죠.

[Pen Tool] 선그리기

라이닝→92p

선 그리기를 하기 전에 작업을 관리하기 편하게 하기 위해서 새 레이어를 만든 후 [Pen Tool] 도구로 영역 선택하듯이 스케치 선을 따라 그립니다. 한 번에 모든 그림을 그리는 것이 아니라 부분 부분 나누어서 그리세요. 얼굴을 그린다면 눈썹, 코, 입의 라인을 하나하나 그리며 가급적 폐곡선 형태로 그리도록 합니다. 라인을 그린 후 시작점에서 돌아서 시작점을 찍으면 되면 선택이 완료됩니다. 폐곡선이 아니라면 끝나는 점까지만 그린 후 (Esc)을 누르면 선택이 완료돼요.

[Pen Tool] 작업 중 선 그리기를 멈추려면 [ESC] 키를 누른다. 그러면 현재까지 그린 선만 표시된다.

자! 이젠 [Brush Tool]을 클릭합니다. 갑자기 [Brush Tool] 도구를 왜 실행하냐고요? 그 이유는 나중에 알려드릴게요. [Brush Tool] 도구를 실행한 다음 브러시 옵션에서 브러시 크기는 '3px', [Hardness]는 '100%'로 설정합니다. 설정이 다 됐으면 [Path] 패널에서 앞에서 그린 패스 목록을 선택하고 [Stroke path with brush] 버튼을 클릭합니다. 그러면 앞에서 [Brush Tool] 도구로 설정한 값으로 펜 툴 영역에 선이 그려집니다. 왜 [Brush Tool] 도구 속성을 설정을 했는지 아시겠죠. [Stroke path with brush]는 앞에서 설정된 속성값으로 그리기가 적용되기 때문이에요. 같은 방법으로 선을 그려서 그리기를 할 수 있어요.

[Stroke path with brush]

또 다른 방법은 영역 선택할 때와 같은 방법으로 [Path] 패널에서 [Load path as a selection] 버튼을 클릭해서 선택 영역으로 바꾼 다음 선택 영역 테두리에 선을 표시해 주는 [Edit]-[Stroke] 메뉴를 실행해서 선을 그리는 방법도 있답니다.

[Stroke]

[Hardness]를 높게 설정할수록 연필툴처럼 번짐이 없는 선이 만들어진다.

내 마음대로 잘 지우는 비법!

#[Eraser Tool] #[Del] 키로 지우기 #[Fill] #[Content-Aware] #[Magic Eraser Tool]

지우는 기능을 하는 [Eraser Tool]은 연필로 쓴 글을 지울 [Eraser Tool]
때 사용하는 지우개처럼 캔버스에 그린 내용을 지울 때 사용하
는 도구입니다. 지우개를 사용할 때를 생각해 보세요. 상황에
따라 살살 지울수도 있고 빡빡 지울 수도 있을 것이며 넓은 면
으로 또는 좁은 면으로 지울 수도 있을 거예요. [Eraser Tool]도
마찬가지로 옵션을 설정해서 지우는 상황을 설정해서 지울 수
있답니다. 옵션 설정은 앞에서 소개한 [Brush Tool]과 사용
법은 동일합니다. 브러시가 설정한 내용에 맞게 선을 그린다면
[Eraser Tool]은 해당 부분을 지우는 역할을 합니다.

[Eraser Tool] 도구 사용법은 간단합니다. 단 주의할 점이
하나 있습니다. 포토샵에서 지우기를 실행하면 지우기를 실행
한 부분들은 무엇으로 채워질 것인가입니다. 지운 부분이 흰색
으로 보일 것으로 생각하겠지만 꼭 그렇지는 않아요. 기본적으
로 배경색으로 설정된 색이 지운 부분의 색으로 채워져요. 예를
들어 배경색이 노란색으로 설정된 상태에서 지우기를 실행하

면 지운 부분이 노란색으로 표시됩니다. 만일 흰색으로 채우고 싶다면 배경색을 흰색으로 바꿔야 하겠죠. 브러시를 사용할 때 칠할 색을 전경색으로 지정했다면 지우기는 배경색으로 지정해야 한다는 것이죠.

앞에서 설명해 드린 내용은 바닥에 레이어가 존재하지 않은 경우를 말한 거예요. 만약 여러 개의 레이어가 존재할 경우에는 어떻게 될까요. 이미지의 일부를 지우면 지워진 부분이 뚫려서 아래 레이어에 있는 이미지가 보이게 됩니다. 즉 지워진 부분이 뻥 뚫려 보이게 된다는 것이죠.

[Eraser Tool] 말고 영역 선택툴을 이용하여 지우기를 실행할 수도 있습니다. [Rectangular Marquee Tool], [Eliptical Rectangular Marquee Tool] 도구로 사각형 또는 원형의 영역을 선택하면 보다 빠르고 넓은 영역을 손쉽게 지정할 수 있겠죠. 이렇게 영역을 지정한 후 간단하게 [Del]을 누르면 삭제됩니다. 이때 레이어가 있는 경우에는 지운 부분에 아래 레이어에 있는 이미지가 보이게 되겠지만 레이어가 없는 경우에는 [Fill]이라는 대화 상자가 나타나 전경색, 배경색 또는 [Content-Aware] 방식으로 삭제 부분에 채울 색과 방법을 선택할 수 있어요.

[Del] 키로 지우기

[Fill]

[Content-Aware]→105p

지우기 작업을 할 때 실행 결과가 만족스럽지 않다면 [Ctrl]+[Z]을 눌러 이전 단계로 되돌린 후 옵션을 변경해서 다시 작업하도록 한다.

[Magic Eraser Tool] 도구를 선택한 다음 삭제할 부분을 클릭해서 지운 경우. [Tolerance] 항목
의 값을 바꿔보며 알맞은 색 영역을 지정하면서 삭제한다.

보다 재미있는 [Magic Eraser Tool] 도구도 있습니다. 이 [Magic Eraser Tool]
도구는 지우고 싶은 부분을 클릭하면 클릭한 위치에 있는 색과
근접한 부분의 색 영역을 함께 삭제해 줍니다. [Magic Wand
Tool]처럼 옵션 막대에 있는 [Tolerance] 옵션 값을 변경하면서
색 영역을 지정해서 삭제합니다. 한 번에 삭제하기 보다 부분부
분 삭제하면서 작업하면 편리합니다. 단순한 색으로 구성되어
있는 부분을 삭제할 때 유용하게 사용할 수 있습니다. 이 도구
는 [Eraser Tool] 도구를 길게 누르면 나타나는 서브 메뉴에
서 선택할 수 있어요.

지우기 기능은 실제 정말 많이 사용되는 기능입니다.
[Eraser Tool]로 지울 부분을 정교하게 지우기도 하고요. 사각
형이나 원형 선택 도구로 선택해서 지우기도 한답니다. 지우기
를 실행하면 레이어인 경우에는 밑에 이미지가 보이게 되고 레
이어가 없는 경우에는 흰색으로 채워지는 것이 아니라 배경색
으로 채워진다는 사실만 잘 알아두세요.

색이 변화하는 효과를 만드는 비법!

#[Gradient Tool] #[Gradient Edtor] #전경색에서 투명색으로 변하는 그라데이션 효과
#그라데이션 모양과 방향 지정 #그라데이션 색 추가하기

다들 7가지 색으로 구성되어 있는 무지개를 좋아할 거예요. 무지개색을 유심히 보면 색이 서서히 변해서 물들어 있다는 느낌이 드는데 이처럼 색이 서서히 변하는 효과를 그라데이션gradation이라고 합니다. 포토샵은 이러한 그라데이션 효과를 잘 꾸밀 수 있도록 해주는 ▨[Gradient Tool] 도구를 제공 [Gradient Tool] 한답니다. 도구 모음에서 ▨[Gradient Tool] 도구가 안 보인다구요? 이 도구는 ▨[Paint bucket Tool] 도구를 길게 누르면 나타나는 서브 메뉴에서 고를 수 있어요.

그라데이션을 이용하려면 먼저 영역 선택 도구를 이용하여 그라데이션을 지정할 영역을 지정합니다. 가능하면 그라데이션을 새로운 레이어에 담기 위해서 레이어를 추가하는 것이 좋아요. 그런 다음 ▨[Gradient Tool] 도구를 클릭하고 상단에 위치해 있는 옵션 막대를 보면 색상 목록이 보이는데 여기서 그라데이션 종류를 선택합니다. 이 항목을 클릭하면 나타나는 [Gradient Edtor] 대화 상자의 [Presets] 항목에 색상별 형태별 [Gradient Edtor]

File Edit Image Layer Type Select Filter 3D View Window Help

Mode: Screen ∨ Opacity: 90% ∨ ☐ Reverse ☑ Dither ☑ Transparency

그라데이션 옵션

그라데이션 종류 선택   그라데이션 방향 선택   그라데이션 색 반전

로 분류된 목록이 보일 거예요. 목록을 클릭해서 펼치면 다양한 그라데이션 효과 목록이 나타나는데 여기서 사용할 효과를 선택하면 됩니다. [Basics] 목록에는 자주 사용하는 효과가 등록되어 있는데 첫 번째 ◐ 옵션은 전경색과 배경색으로 그라데이션을 지정해 주는 옵션이고 두 번째 ◐ 옵션

전경색에서 투명색으로 변하는 그라데이션 효과

은 전경색에서 투명색으로 지정해 주는 옵션입니다. 투명색은 색이 없어 밑에 레이어 있는 이미지가 비쳐 보이게 만드는 것을 말합니다. 예를 들면 왼쪽은 빨간색이지만 오른쪽으로 갈수록 바닥의 이미지가 서서히 나타나게 하고 싶을 때 사용합니다. 이 효과를 사용하려면 영역을 지정한 다음 전경색을 빨간색으로 지정하고 ◐ 옵션으로 그라데이션을 지정해서 만들 수 있어요. 자주 사용하는 기능이므로 잘 알아두세요.

(위)전경색은 빨간색, 배경색은 파란색으로 지정하고 첫 번째 옵션을 선택한 경우. (아래) 두 번째 옵션을 선택한 경우 아래 이미지가 비쳐 보임.

그라데이션 종류를 선택했다면 옵션 창에서 ▣▣◙▣▣ 도구 모음을 이용하여 그라데이션 방향

그라데이션 모양과 방향 지정

옵션 막대에서 그라데이션 목록을 클릭하면 [Gradient Editor] 대화 상자가 열리고 그라데이션 목록의 내림 버튼을 클릭하면 목록만 표시된다.

왼쪽 : 두 가지 색, 사선으로 그레이션 적용, 오른쪽 : 한쪽 투명, 원형으로 그라데이션 적용

을 지정합니다. 직선, 원형, 앵글, 사각형, 다이아몬드형 중에 용도에 맞는 아이콘을 클릭한 다음 이미지에서 그라데이션 효과를 적용할 방향으로 마우스로 드래그해주면 그라데이션이 채워집니다. 마우스로 클릭한 곳부터 드래그해서 끝난 점까지를 지정한 색으로 채워져요. 예를 들어 [Presets]-[Basics]에서 ⬤ 효과를 선택, 전경색은 빨간색, 배경색은 노란색, 방향은 ⬛ 모양을 선택하고 이미지에서 왼쪽에서 오른쪽 대각선 방향으로 드래그하면 위의 이미지처럼 그라데이션이 채워집니다.

원형은 원의 중심에서 바깥쪽 원호로 퍼지기 때문에 마우스로 클릭한 부분이 원의 중심, 드래그해서 끝난 점이 원의 바깥 원호 부분으로 채워집니다. 잘 안 되신다고요? 그럼 Ctrl+Z을 눌러 이전 단계로 되돌린 후 다시 해보세요. 여러 번 해보면 원리를 파악할 수 있을 거예요.

어때요? 그렇게 어렵지 않죠? 이번에는 조금 더 심화해서

옵션 막대에 있는 [Reverse] 항목을 클릭하면 전경색에서 배경색이 아니라 배경색에서 전경색으로 색 채움 순서가 바뀐다.

[Gradient Editor] 대화 상자에서 색을 추가하는 장면

그라데이션색추가하기

무지개처럼 많은 색을 사용하는 그라데이션을 만드는 방법을 알려 드릴게요. 방법은 같고요. 단지 색만 추가하면 됩니다. [Gradient Editor] 대화 상자에서 하단에 색상표가 보이나요? 이곳은 그라데이션에 사용할 색 목록을 보여줍니다. 두 가지 색이라면 색 포인트가 2개 보일 거예요. 우리는 7개의 색을 사용해야 하므로 7개의 색 포인트가 필요하겠죠. 색상표에서 색을 추가할 위치를 클릭해 보세요. 그러면 색 포인트가 추가될 거

예요. 같은 방법으로 7개의 색 포인트를 만드세요. 그런 다음 색 포인트를 클릭하면 나타나는 [Color Picker]를 이용하여 색을 선택합니다. 같은 방법으로 7개 포인트에 색을 모두 바꾸어서 무지개색으로 꾸며보세요. 색 포인트는 드래그해서 색 포인트의 위치도 이동할 수 있어요. 이렇게 해서 만든 그라데이션을 적용하면 무지개색 효과를 사용할 수 있답니다.

그라데이션은 그 화려함 때문에 곧잘 사용하고 싶게 만드는 꽤 유혹적인 효과 중 하나입니다. 그러나 화려하고 다채로움은 이미지를 과하게 만들어 오히려 역효과를 낳을 수 있다는 사실을 잊어서는 안됩니다. 전문가가 만든 작품에는 의외로 그라데이션 사용이 많지 않지만 초보자들이 만든 작품들에는 항상 과도한 그라데이션이 있다는 사실만 봐도 알 수 있겠죠. 꼭 필요한 부분에만 사용해야 멋진 이미지가 탄생한다는 것을 기억하세요.

한 방에 이미지를 멋지게 꾸미는 비법!

#[Filter gallery] #[Blur] 효과 #[Blur Tool] #[Motion Blur] 효과 #[Gaussian Blur] 효과 #[Sharpen] 효과 #[Sharpen Tool] #[Mosaic] 효과 #[Lens Flare] 효과 #[Oil Paint] 효과 #[Sky Replacement] 효과

스마트폰의 사진 앱을 이용하면 카메라로 촬영한 사진에 상을 왜곡하거나 색상에 변화를 주는 등 다양한 종류의 필터를 사용해서 개성 있는 사진을 만들 수 있어요. 포토샵에도 이러한 필터 기능을 제공하여 비슷한 효과를 연출할 수 있답니다. 이중 대표적인 필터 효과 기능인 [Filter gallery]를 이용하면 이미지를 그림처럼 보이게 하거나 스케치처럼 보이게 하는 등 다양한 효과를 연출할 수 있도록 해줘요. 필터 효과를 사용하려면 선택 도구로 효과를 줄 영역을 지정한 다음 [Filter]-[Filter gallery] 메뉴를 클릭하면 됩니다.

[Filter gallery]를 실행하면 나타나는 창에서 오른쪽 항목에서 [Filter gallery] 필터 종류를 선택합니다. 하나하나 선택해보면서 적합한 필터를 선택하고 오른쪽에 표시되는 해당 옵션을 이리저리 만져보면서 가장 좋은 결과를 만들어 냅니다. 필터 중 현재 지정되어 있는 전경색과 배경색을 이용하여 효과에 적용할 색으로 사용하므로 충분히 감안하고 작업하도록 하세요. 어떤 효과가 좋다기보다 이미지의 특징에 따라 어울리는 효과들이 제각기 다르기 때문에 하나하나 선택해보면서 어울리는 효과를 찾는 것이

[CMYK] 모드로 설정되어 있는 경우 [Filter gallery]가 실행되지 않는다. [Image]-[Mode] 메뉴에서 [RGB]로 변경한 후 작업한다.

[Filter gallery]에서 [Brush Strokes]-[Sprayed Strokes] 필터 효과를 적용한 경우

중요하답니다.

[Filter] 메뉴에는 재미있는 효과들이 많아요. 그중에서 많이 사용되는 기능은 이미지를 뿌옇게 만들어주는 [Blur] 효과입니다. [Filter]-[Blur]-[Blur] 메뉴를 클릭하면 이미지가 뿌옇게 바뀝니다. 너무 옅다구요? 그러면 반복해서 실행해 보세요. 그러면 더욱 진하게 효과가 적용될 거예요. 실제로 [Blur]는 이미지에서 특정 부분을 돋보이게 보이게 만들 때 효과적입니다. 예를 들어 인물 사진인 경우 배경만 뿌옇게 처리하면 인물을 더 돋보이게 만들 수 있어요. 사진 보정에 많이 사용되는 테크닉이랍니다. 또는 특정 인물의 형태를 잘 안 보이게 만들고 싶을 때 사용하기도 한답니다. 이렇듯 활용성이 높은 효과라 🌢[Blur Tool]는 도구 모음에 포함되어 있어 좀 더 편리하게 사용할 수 있게 구성되어 있어요. 이 도구는 뿌옇게 보이게 하고 싶은 부분을 브러시처럼 드래그하면 효과를 적용할 수 있어요.

[Blur] 메뉴에 있는 [Motion Blur]와 [Gaussian Blur]도 비슷한 효과입니다. [Motion Blur]는 고속으로 달리는 잔상이 있는 자

[Blur] 효과

[Blur Tool]

[Motion Blur]

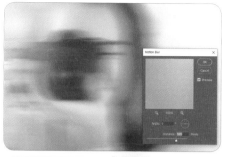

[Motion Blur], [Gaussian Blur], [Mosaic], [Lens Flare], [Oil Paint], [Sky Replacement]

동차 사진처럼 한쪽 방향으로 잔상이 남는 효과이고 [Gaussian Blur]는 간유리에 투과되어 보이는 상처럼 골고루 뿌옇게 만들어 주는 효과입니다.

[Gaussian Blur]

　　[Blur] 효과의 반대로 이미지를 또렷하게 만들어주는 [Sharpen]도 있어요. [Filter]-[Sharpen]-[Sharpen]을 클릭해서 실행하며 초점이 맞지 않아 흔들림이 있게 촬영된 이미지의 번

[Sharpen] 효과

163

짐 부분을 또렷하게 만들어 줍니다. 여러 번 실행하여 또렷함을 보강할 수 있지만 과도한 반복은 화질이 저하될 수 있으므로 사용에 주의하기 바랍니다. 이 효과도 도구 모음에 ▲[Sharpen Tool]로 제공하여 브러시처럼 드래그해서 효과를 적용할 수 있어요.

[Sharpen Tool]

이외에 [Filter]-[Pixelate]-[Mosaic]를 실행하면 선택한 이미지를 정사각형 형태로 모자이크로 만들어서 형태를 알아볼 수 없게 만들어 주고 [Filter]-[Render]-[Lens Flare]를 실행하면 하늘에 멋진 빛 번짐 효과를 자동으로 만들어 줍니다.

[Mosaic] 효과

[Lens Flare] 효과

이미지를 유화 그림처럼 만들고 싶다면 [Filter]-[Stylize]-[Oil Paint]를 실행하면 완벽한 유화 그림을 탈바꿈해주지요.

[Oil Paint] 효과

이번에는 색다르고 놀라운 효과에 대해서 알아볼게요. 풍경 사진을 찍다보면 가장 아쉬운 부분이 하늘일거예요. 푸른 하늘을 담고 싶은데 칙칙하고 구름 한 점없는 경우가 많으니까요. 이럴 때는 [Edit]-[Sky Replacement] 메뉴를 클릭하세요. 옵션에서 사용하고 싶은 구름 이미지를 선택하면 자동으로 하늘을 예쁘게 만들어 준답니다.

[Sky Replacement] 효과

자주 사용되는 기능 위주로 알아보았는데 이외에도 많은 효과들이 있으니 다른 필터 효과를 사용해보시고 나만의 효과를 찾아보세요.

인물 사진 마음대로 성형하는 비법!
#[Liquify] #[Foward warp Tool] #[Face Tool]

예쁘게 보정한 사진을 보고 '뽀샵했다!'라고 할 정도로 인물 보정에 최적화된 프로그램이 포토샵이 아닐까 생각합니다. 특히 포토샵의 [Liquify]는 포토샵의 꽃이라고도 하죠. [Liquify]는 특정 면적을 늘리거나 줄일 수 있어 인물 보정 시 통통한 볼이나 다리를 갸름하게 만들거나 작은 눈을 크게 만드는 등 작업할 때 많이 사용하는 메뉴입니다.

[Liquify]

[Filter]-[Liquify] 메뉴를 클릭해서 실행할 수 있으며 사진을 보정할 수 있는 새로운 창이 나타나면 거기서 왼쪽에 위치해 있는 🖌️[Foward warp Tool] 도구로 변형하고 싶은 부분을 드래그해서 인물 형태를 수정할 수 있어요. 우선 오른쪽 옵션에서 [Size]와 [Pressure] 옵션을 이용하여 브러시 두께와 압력 정도를 지정한 후 형태를 늘리거나 줄이고 싶은 면을 드래그해서 보정합니다. 이 기능을 이용할 때는 적당한 브러시 두께로 살짝살짝 드래그해서 작업해야 해요. 여러 번 연습하다 보면 자연스럽게 보정하는 테크닉을 얻을 수 있을 거예요. 과도한 보정은 오히려 안 하느니 못한 결과를 초래할 수 있다는 점 잊지 마세요.

[Foward warp Tool]

[Foward warp Tool] 도구로 드래그해서 보정할 때 드래그 영역 주변도 함께 왜곡된다. 그러므로 보정에 적합한 브러시 사이즈를 조절해서 왜곡으로 인해 인위적으로 보이지 않도록 조심하도록 한다.

[Foward warp Tool] 도구로 드래그해서 특정 면을 늘리거나 줄여서 보정할 수 있다.

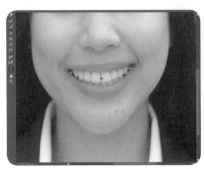

[Face Tool] 도구를 이용하면 이목구비에 가이드 라인이 표시되어 보다 쉽게 보정할 수 있도록 해준다. 위 화면은 입에 마우스포인터를 위치한 경우로 입 가운데에 위치할 경우 드래그해서 입 위치를 조절할 수 있고 조절점을 마우스로 드래그해서 입 크기를 조절할 수 있다.

직접 보정하는 것이 익숙하지 않아서 어렵다고요? 그러면 자동으로 얼굴을 인식해서 보정해 주는 ⚇ [Face Tool] 도구를 [Face Tool] 이용해보세요. 눈, 코, 입에 마우스 포인터를 올려 두면 가이드 선이 나타나고 조절할 수 있는 부위에는 조절점을 보여줍니다. 이걸 드래그하면 해당 부위를 확대 또는 축소해 주고 마우스 포인터 모양이 방향 포인터인 경우는 해당 부위의 위치를 조절할 수 있도록 해줍니다. 살짝만 선택해 주면 포토샵이 알아서 자연스럽게 보정해주므로 정말 쉽고 편한 도구입니다.

패치로 보정하는 비법!

#[Healing Brush Tool] #[Clone Stamp Tool] #[Patch Tool] #[Destination] #[Source]

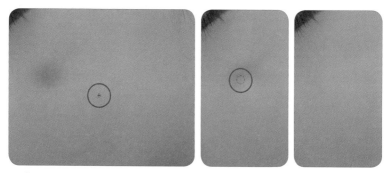

[Healing Brush Tool] 도구를 선택하고 멀쩡한 부분을 Alt 를 누르고 클릭해서 패치로 등록하고 보정할 부분을 클릭해서 보정한다.

얼굴 보정을 하다 보면 점이나 흉터 등으로 보기 좋지 않은 부분을 지우고 싶을 때가 있을 거예요. 막상 지우려면 지운 티가 나기도 해서 작업하기 어렵죠. 이러한 경우에는 만능 보정 도구인 [Healing Brush Tool]을 이용하세요. 이 도구는 괜찮은 부분을 패치로 기록해두고 흠이 있는 부분을 패치로 커버해서 말끔하게 흠을 없애주는 기특한 녀석입니다. 보정할 이미지를 불러온 다음 괜찮은 부분을 찾아서 Alt 를 누른 상태에서 클릭해서 패치로 기록합니다. 이 단계는 보정에 참고할 요소로 사용됩니다. 다음은 보정할 부분을 클릭해보세요. 그러면 패치로 기록해둔 부분과 보정할 부분이 믹스되어 흠이 연해지는 것을 볼 수 있을 거예요. 계속해서 주변을 클릭하면 완전히 깔끔

[Healing Brush Tool]

주변이 복잡한 경우 [Healing Brush Tool]로 패치하면 오히려 지저분해질 수도 있다.

[Clone Stamp Tool] 도구를 이용하여 복제할 부분을 Alt를 누르고 클릭해서 패치로 기록해둔 후 붙여 넣을 곳을 마우스로 드래그해서 그려가면 해당 위치에 똑같은 이미지가 붙여 넣어진다.

해지는 것을 볼 수 있을 거예요. 이 도구랑 비슷한 도구로 ▨ [Clone Stamp Tool]가 있어요. ▨ [Healing Brush Tool] 도구는 주변과 어울리게 보정하는 방식이라면 ▨ [Clone Stamp Tool] 도구는 기록한 패치 내용을 도장처럼 찍어내기만 하기 때문에 패치할 내용을 있는 그대로 붙여 넣을 때는 적합하지만 얼굴의 잡티를 수정할 때는 ▨ [Healing Brush Tool]가 효과적이에요.

[Clone Stamp Tool]

이외에 ▨ [Patch Tool]도 있답니다. ▨ [Patch Tool]은 ▨ [Healing Brush Tool]와 ▨ [Clone Stamp Tool] 도구와 달리 특정 영역을 티 나지 않게 원하는 위치에 붙여 주는 도구입니다. ▨ [Patch Tool] 도구를 선택한 다음 옵션 메뉴에서 [Destination] 항목을 클릭해서 체크한 후 위치를 이동하고 싶은 영역을 마우스로 드래그해서 영역을 지정합니다. 영역이 선택되면 영역 안에 마우스 포인터를 위치해 보세요. 그러면 마우스 포인터에 화살표 모양이 생기는데 이 상태에서 이동하고 싶은

[Patch Tool]

[Destination]

[Clone Stamp Tool]로 패치를 등록한 후 클릭하고 드래그하면 패치로 등록한 위치를 중심으로 붙여진다.

[Patch Tool] 도구를 선택한 다음 [Destination] 버튼을 클릭 후 복제할 부분을 마우스로 드래그 해서 영역을 설정한다. 선택한 영역에 마우스 포인터를 위치한 후 드래그하면 티 없이 선택한 부분을 붙여 넣을 수 있다.

위치로 드래그하면 티 나지 않게 붙여 넣어 줍니다.

Source Destination 옵션 메뉴에서 [Destination] 항목 옆에 [Source] 항목이 [Source] 있는데 이 버튼을 체크한 뒤에 영역을 지정하고 드래그하면 앞 에서와 같이 선택한 영역이 이동되는 것이 아니라 선택한 영역 안에서 드래그에 따라 이미지가 이동됩니다. 대체할 만한 위치 로 맞추면 선택한 영역과 주변 배경을 조화롭게 보정해 줍니다. 선택한 영역 안에서 주변의 이미지로 대체할 때 사용합니다.

앞에서 [Healing Brush Tool], [Clone Stamp Tool], [Patch Tool] 도구는 비슷하면서 사용 용도가 조금씩 다르다는 것을 느끼셨을 거예요. 각 도구의 특징을 기억해서 이미지에 어 울리는 보정 방법으로 멋지게 편집해 봅시다.

패턴 디자인 비법!

#패턴 디자인 #패턴 등록 #[Define Pattern] #[Pattern Stamp Tool] #브러시 크기 변경 단축키

타일 바닥이나 벽지, 의상 등 똑같은 이미지가 반복해서 붙어 있는 패턴 디자인을 일상에서 쉽게 만나볼 수 있을 만큼 패턴 디자인은 이미 대중화되어 있습니다. 단순한 도형도 패턴으로 사용하면 더 멋진 디자인을 완성할 수 있어요. 이러한 패턴을 만들려면 우선 패턴으로 사용할 하나의 요소를 디자인한 후 디자인 요소를 반복해서 붙여서 만들어야 합니다. 같은 요소를 일일이 붙여 넣으려면 무척 귀찮겠죠. 이러한 불편함을 없애기 위해 포토샵에는 패턴을 정의하는 기능을 제공한답니다. 이 기능을 이용하면 손쉽게 패턴을 만들 수 있어요.

패턴 디자인

포토샵에서 패턴을 만들려면 먼저 패턴으로 사용할 이미지를 만들거나 이미지를 불러온 후 선택 툴로 패턴으로 사용할 영역을 드래그해서 설정합니다. 이때 패턴으로 반복해서 붙여 넣어도 서로 연결되도록 디자인을 해야 해요. 좌우와 위아래로 연결했을 때 부자연스럽다면 예쁘지 않은 패턴이 만들어질 거예요. 최대한 잘 어울릴 만하게 패턴 이미지를 만들었다면 영역을 선

패턴 등록

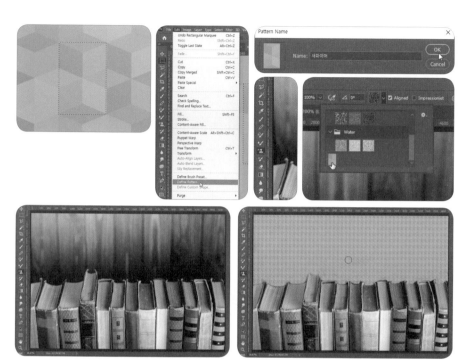

패턴 등록하고 [Pattern Stamp Tool] 도구로 패턴을 붙여 넣는 과정

택하고 [Edit]-[Define Pattern] 메뉴를 클릭해서 패턴 이미지로 [Define Pattern]
등록하세요. 이때 이름을 입력하는 대화 상자가 나타나는데 패
턴에 사용할 이름을 입력하면 패턴 등록이 완료됩니다. 간단하
죠. 패턴 이미지를 등록해두면 언제든지 불러와서 패턴으로 사
용할 수 있답니다.

　패턴을 등록했으면 등록한 패턴을 사용해야겠죠. 패턴을 사
용할 때 사용하는 도구는 ▨[Pattern Stamp Tool] 입니다. 이 [Pattern Stamp
도구는 ▨[Clone Stamp Tool] 도구와 묶여 있어요. 도구가 보 Tool]

이지 않는다면 [Clone Stamp Tool] 도구를 길게 누르면 나타나는 목록에서 선택하세요. [Pattern Stamp Tool] 도구를 선택했다면 상단 옵션 막대에서 패턴 목록을 클릭합니다. 여기에는 패턴으로 사용할 수 있는 패턴 목록들이 나타나는데 이 목록 중에 우리가 앞에서 등록해둔 패턴 목록이 있을 거예요. 이 목록을 선택하면 패턴이 지정됩니다.

준비가 되었으면 패턴을 붙여 넣을 곳을 마우스로 드래그하면 패턴이 그려집니다. []와 [] 캡을 눌러 브러시 크기를 크게 또는 작게 조절해가면서 패턴을 그려 보세요. []와 [] 캡은 [Brush Tool]이나 [Pencil Tool] 등 그리기 도구 사용 시 크기 영역을 확대 또는 축소해 주는 단축키입니다. 편리한 기능이니 잘 알아두세요. 참, 한글 모드로 되어 있는 경우에는 적용되지 않으니 키를 눌러도 반응하지 않으면 [%] 키를 눌러 영문 모드로 변경한 뒤 작업하세요.

브러시 크기변경 단축키

패턴 작업은 패턴을 붙여 넣는 작업보다 패턴 요소를 만드는 작업이 더 중요합니다. 패턴에 사용할 요소를 어떻게 만드는가에 따라 멋진 패턴 이미지의 탄생이 결정지어지기 때문이죠. 패턴 만들기가 어렵다면 포토샵에 등록되어 있는 패턴을 사용해도 멋진 패턴 이미지를 만들 수 있어요.

포토샵에서 사용하는 단축키는 [한글] 모드에서는 동작하지 않는 경우가 있다. 이러한 경우 [한/영] 키를 눌러 [영어] 모드로 변경한 후 실행하도록 한다.

형태 변형 툴 사용하는 비법!
#[Free Transform] #[Warp] #[Perspective Warp] #[Puppet Warp]

포토샵으로 편집을 하다 보면 이미지의 형태를 변형해야 할 일이 생기곤 합니다. 특히 명화나 사진, 서류 등의 평면적인 문서 형태를 사진으로 촬영해 보면 바른 사각형 모양으로 촬영하는 것이 무척 어렵다는 것을 알 수 있을 거예요. 렌즈가 둥글어서 화면의 가장 자리 부분이 둥글게 왜곡돼서 촬영되기 때문이에요. 이러한 이미지들은 [Free Transform] 기능으로 형태를 변형시켜 왜곡이 없는 이미지로 수정할 수 있습니다.

[Free Transform]

이미지 변형을 하려면 변형할 이미지가 새 레이어에 위치해 있어야 합니다. 그런 다음 이미지가 있는 레이어가 선택된 상태에서 [Edit]-[Free Transform] 메뉴를 실행하거나 Ctrl+T를 눌러 [Free Transform]을 실행하면 이미지 테두리에 조절점들이 표시될 거예요. 준비됐으면 Shift를 누르고 모서리의 조절점을 드래그해 보세요. 그러면 선택한 이미지를 가로 세로 비율에 맞게 확대 및 축소될 거예요. 그리고 Ctrl을 누른 상태에서 각 조절점을 드래그하면 변형된 크기만큼 이미지가 늘어나거나 줄어든답니다. 신기하죠. 이러한 방법을 이용하면 손쉽게 이미지를 변형해서 꾸밀 수 있습니다.

[Free Transform]을 실행한 후 Shift 를 누르고 조절점을 드래그해서 가로 세로 비율을 유지하면서 이미지를 확대 및 축소할 수 있다.

[Free Transform]을 실행한 후 Ctrl 를 누르고 조절점을 드래그해서 이미지를 변형시킬 수 있다.

이미지를 뒤트는 것 같은 왜곡 효과를 주려면 Ctrl+T 를 누른 상태에서 이미지를 마우스 오른쪽 클릭하면 나타나는 메뉴에서 [Warp]을 클릭합니다. 그러면 이미지에 조절점이 추가되 [Warp] 는데 이 조절점을 드래그하면 변경된 조절점에 맞게 이미지가 왜곡됩니다.

이미지를 왜곡하는 기능 중 [Free Transform]과 비슷하지만 [Perspective Warp] 보다 원근감 있는 왜곡 효과를 주는 [Perspective Warp] 메뉴도 있답니다. 이 기능을 사용하려면 [Edit]-[Perspective Warp]

[Warp]는 물결 모양처럼 곡선 형태로 이미지를 왜곡할 수 있다.

[Perspective Warp]을 실행한 후 레이아웃 영역을 지정하고 옵션 메뉴에서 [Warp]을 클릭하고 조절점을 드래그해서 이미지를 왜곡시켰다.

메뉴를 클릭해서 실행한 다음 왜곡시킬 중심이 되는 영역을 마우스로 드래그해서 바둑판 모양의 영역을 만듭니다. 레이아웃 라인에서 왜곡 없이 고정시키고 싶은 부분이 있다면 조절점을 클릭해서 고정점을 추가합니다. 고정점을 지정한 후 옵션 막대에서 [Warp] 버튼을 클릭해서 왜곡 편집을 실행할 수 있어

요. 조절점을 드래그하면 고정점을 중심으로 이미지가 왜곡됩니다. [Free Transform]이 지정된 영역만 왜곡시키는 것에 비해 [Perspective Warp]는 이미지 전체에 왜곡 효과가 적용되며 [Free Transform] 보다 원근감 효과가 더 크답니다.

 이번에는 좀 더 재미있는 [Puppet Warp] 왜곡 기능에 대해서 알아볼게요. [Puppet Warp]를 실행하면 이미지가 모델링 구조

[Puppet Warp]

로 바뀌며 이 중에서 왜곡시킬 영역을 지정한 후 왜곡해야 할 부분과 왜곡하지 말아야 할 부분을 지정하여 이미지를 뒤틀어 주는 효과예요. 이 기능을 이용하면 굽혀져 있는 팔을 펴게 만

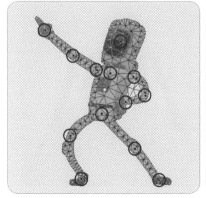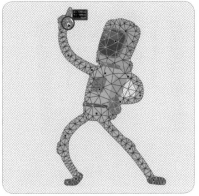

[Puppet Warp]를 실행한 후 고정점을 추가한 후 왜곡을 시킬 부분의 고정점을 드래그해서 팔을 움직이게 만들었다.

드는 등의 편집도 가능하답니다.

　그럼 [Puppet Warp]으로 펴져 있는 로봇팔을 굽히게 만드는 방법을 살펴 볼까요. 먼저 왜곡할 이미지 영역을 새 레이어로 만들어야 해요. 왜곡시킬 요소만 선택하는 것이 좋으므로 영역 선택 도구를 이용하여 왜곡시킬 영역을 선택해서 새 레이어로 만듭니다. 준비되었으면 [Edit]-[Puppet Warp] 메뉴를 클릭해서 실행한 다음 고정시킬 부분을 마우스로 클릭해서 고정점을 추가해 주세요. 예를 들어 팔이라면 팔목, 팔꿈치처럼 움직임의 중심이 되는 부분을 선택해 주면 됩니다. 고정점을 추가했으면 움직이게 할 부분의 고정점을 골라서 드래그해 보세요. 그러면 신기하게 그 부분만 변형될 거예요. 잘 안되면 Ctrl+Z을 눌러 이전 단계로 되돌려가면서 작업해보세요. 작업이 다 됐으면 Enter를 눌러 작업을 완료하세요.

[Puppet Warp]로 고정점을 드래그하면 고정점을 중심으로 이미지 전체가 왜곡된다. 그러므로 움직이지 않게 할 포인트를 고정점으로 추가해서 고정해주어야 한다.

그림자 효과 만드는 비법!

#[Add a layer style] #[Layer Style] #[Drop Shadow] #[Bevel & Emboss]
#[Inner shadow]

이미지에서 배경 부분을 삭제한 후 [Drop Shadow]를 설정한 경우. 그림자 각도를 이미지 밑에 오도록 설정하고 [Distance]는 조금 높게, [Opacity]는 낮추어 그림자가 강하지 않으면서 이미지를 돋보이게 꾸몄다.

　　그림자 효과는 포토샵에서 자주 사용하는 효과 중 하나입니다. 글자나 이미지 요소의 밑부분에 그림자처럼 색을 넣으면 돌출되어 보이는 효과를 연출할 수 있기 때문이지요. 이러한 효과는 [Layer Style]을 이용하면 그림자 효과 이외에 다양한 효과를 설정해서 손쉽게 연출할 수 있답니다.

　　그림자 효과를 이용하려면 먼저 효과를 줄 영역을 선택해야 합니다. 선택 도구로 영역을 선택하거나 레이어 패널에서 효과를 줄 요소가 있는 레이어를 선택합니다. 그런 다음 레이어 패널 밑에 위치해 있는 fx [Add a layer style] 버튼을 클릭합니다. 이곳에는 그림자 효과를 주는 [Drop Shadow], 선택한 영

[Add a layer style]

PHOTOSHOP

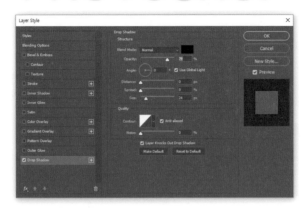

[Drop Shadow]를 선택하여 텍스트 밑에 은은하게 그림자 효과를 넣은 경우. 그림자 느낌보다는 자연스럽게 글자를 돋보이게 할 때 많이 사용된다. [Distance]는 '0'으로 설정하고 높게 설정하기 않도록 하고 [Size]는 조금만 설정해서 글자가 너무 번져 보이지 않도록 꾸민다.

역 안쪽에 그림자 효과를 주는 [Inner Shadow] 등 효과를 선택할 수 있으며 여러 개 효과를 중복해서 적용할 수도 있어요. 효과를 선택하면 [Layer Style] 대화 상자가 나타나는데 왼쪽 목록에서는 효과를 체크해서 적용할 수 있고 오른쪽에는 선택한 효과의 옵션을 설정합니다. 드롭쉐도우 효과 같은 경우 [Blend Mode] 옵션에 그림자에 사용할 효과와 색을 선택합니다. 기본이 [Multiply]로 선택되어 있는데 그림자 색이 보이지 않는다면 [Normal]로 변경하세요. [Opacity]는 투명도, [Angle]은 그림자 표시 각도, [Distance]는 요소와 그림자와의 거리를 가깝게 또는 멀리 조절할 수 있고 [Spread]는 그림자 흩뿌림 정도를 조절하세요. 수치가 적을수록 모래알처럼 흩뿌려지게 표현된답니다. [Size]에는 그림자 크기를 조절할 수 있어요. 기본값을 중심

[Layer Style]

[Drop Shadow]

효과 목록에 표시되어 있는 [+] 아이콘을 클릭하면 효과가 추가되어 중복해서 효과를 적용할 수 있다.

PHOTOSHOP

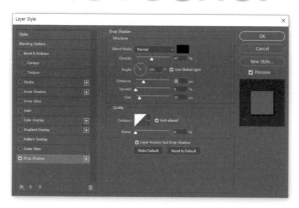

[Drop Shadow]를 선택하여 텍스트 오른쪽 하단에 그림자 효과를 넣은 경우. 그림자 느낌을 주
는 효과로 이때 [Distance]는 높게 설정하지 않도록 하고 [Opacity]도 좀 낮추어 그림자가 너무
도드라지지 않게 설정한다.

효과를 적용하면 레이어 패널
에 효과 목록이 추가된다.

[Bevel & Emboss],
[Inner shadow] 효과

으로 조절을 원하는 속성을 변경해서 그림자 효
과를 적용합니다. 반드시 [Preview] 항목을 체크
해서 변경된 속성이 바로 적용되도록 설정해서
작업하세요.

효과를 적용하면 레이어에 효과 목록이 표
시됩니다. 이 목록을 더블 클릭하면 언제든지
[Layer Style] 대화 상자를 열어서 속성을 수정할
수 있어요.

[Drop Shadow] 이외에 선택한 요소를 볼록하
게 만드는 [Bevel & Emboss], 움푹 파인 효과를
주는 [Inner shadow] 효과도 많이 사용합니다.

[Bevel &
Emboss]

[Inner shadow]

효과는 특정 요소를 강조하기 위해서 사용하는 것이므로 요소보다 효과가 더 도드라져 보이지 않도록 과한 설정은
피한다.

원하는 부분을 감추는 마스크 비법!

#마스크 #[Add layer mask] #글자에 이미지 채우기 효과 #[Create Clipping Mask]
#[Release Clipping Mask]

종이를 동그란 원 크기에 맞게 오린 다음 종이 밑에 사진을 배치하면 원 안에 사진이 보이는 예쁜 액자를 만들 수 있을 거예요. 포토샵에서 이와 같이 액자를 만드려면 이미지 일부를 가리는 원리를 이용한 마스크^{Mask}라는 기능을 이용하면 된답니다. 마스크는 포토샵에서 자주 언급되는 용어지만 이해하기는 어렵게 느껴지는 기능 중에 하나이기도 해요. 쉽게 말해 황사 마스크가 코와 입을 가려서 외부 물질을 막아주듯이 포토샵의 마스크도 무언가를 가리는 것을 의미한다고 생각하면 됩니다. 포토샵에서는 이미지 일부를 가려서 원하는 부분만 보이게 해주는 역할을 하고 있어요.

마스크

자! 그럼 예시와 함께 한번 살펴 볼까요? 포토샵에서 TV 이미지와 TV 안에 보이게 할 이미지를 불러온 다음 TV 이미지를 선택하고 Ctrl+A, Ctrl+C를 눌러 이미지를 복사한 다음 TV 안에 보이게 할 이미지를 선택하고 Ctrl+V를 눌러 TV 안에 보이게 할 이미지 위에 TV 이미지를 위치시킵니다. 레이어 패널에서

TV 이미지 레이어 목록을 클릭해서 선택된 상태에서 레이어 패널 하단에 위치해 있는 [Add layer mask] 버튼을 [Add layer mask] 클릭합니다. 그러면 TV 이미지 레이어 목록에 마스크 영역이 추가된 것을 볼 수 있어요. 마스크가 추가되면 레이어 목록에 체인과 함께 미리 보기가 하나 더 보이게 되는데 이곳은 마스크로 작업한 이미지 내용을 볼 수 있어요. 마스크를 실행했으면 마스크 작업을 해보겠습니다. 우선 전경색을 검은색으로 설정하고 [Brush Tool] 도구로 이미지에서 가릴 부분을 드래그해서 그려봅니다. 여기서는 브라운관 영역에 밑에 있는 이미지를 보이게 할 것이므로 브라운관 부분을 드래그해서 그립니다. 그러면 드래그한 부분이 지워지고 밑에 이미지가 나타납니다. 만일 잘못 지워서 다시 되돌리고 싶다면 전경색을 흰색으로 바꾼 후 지운 부분을 드래그하면 되살아 날 거예요. 다시 정리하면 검은색은 가릴 부분을 지정하고 흰색은 검은색으로 지정한 부분을 다시 복원할 때 사용합니다.

TV 이미지에서 브라운관 부분을 마스크로 감추기를 실행하면 브라운관 영역에 밑에 있는 이미지가 나타나게 된다.

[Brush Tool] 도구로 가릴 부분을 드래그할 때 [Opacity] 값을 줄여서 드래그하면 두 개의 이미지가 겹쳐서 표시된다. 의도적으로 특정 부분을 겹치게 보이게 만들 때 사용하면 좋다.

이미지와 텍스트를 추가한 후 텍스트는 이미지 밑으로 위치를 이동하고 이미지에 클립마스크를
실행하면 글자에 이미지가 채워진 효과를 만들 수 있다.

　자 마스크 기능을 살펴봤어요. 어떤가요? 신기하기도 하지만
'이게 뭐야?'라고 생각하는 분도 있을 거예요. '그냥 선택툴로
브라운관 부분을 삭제하면 안돼?'라는 분도 있을 거고요. 마스
크를 사용하지 않고 브라운관 영역을을 삭제해서 꾸며도 됩니
다. 굳이 마스크를 이용할 필요는 없습니다. 단 마스크를 이용
하면 레이어 목록에서 마스크 영역의 썸네일을 선택하고 ⌈Del⌋
을 눌러 마스크를 삭제하면 원래대로 되돌릴 수 있기 때문에 원
본 손실이 없다는 매력을 가지고 있어요.

　앞에서 알아본 기능 이외에 마스크를 이용한 매력적인 효과
들도 있답니다. 이 중에서 글자의 획 안을 이미지로 채우는 효

글자에 이미지채
우기 효과

과를 만들어 볼게요. 이 작업을 하려면 먼저 포토샵에서 글자에 채울 때 사용할 이미지를 불러온 다음 글을 입력해서 추가합니다. 이때 글자의 획이 두꺼운 폰트를 사용해야 효과가 돋보인답니다. 그리고 효과를 적용할 텍스트 레이어는 반드시 이미지 레이어 밑으로 드래그해서 위치를 이동시켜야 해요. 자 이제 준비가 다 됐나요. 마스크를 실행하기 위해서 레이어 패널에서 이미지가 있는 레이어를 선택한 후 마우스 오른쪽 클릭하면 나타나는 메뉴에서 [Create Clipping Mask]를 클릭합니다. 그러면 이미지 밑에 있는 텍스트 영역에만 이미지가 표시됩니다. 멋지죠! 이미지에서 텍스트 영역에만 이미지가 나타나게 만드는 효과입니다. 언제든지 글자 내용도 수정할 수 있고 이미지 레이어를 오른쪽 클릭한 다음 [Release Clipping Mask]를 클릭하면 마스크를 해제할 수도 있답니다.

[Create Clipping Mask]

[Release Clipping Mask]

어때요? 마스크 기능이 매우 매력적이죠. 실제로 마스크는 매우 많은 작업에서 사용됩니다. 앞에서 소개한 누끼 따기에서 사용했던 [Select and Mask] 기능도 마스크 기능이랍니다. 특히 정교하게 영역을 선택할 때 탁월한 효과를 발휘한답니다. 마스크를 이리저리 작업해 보면서 기능에 익숙해지면 마스크의 매력에 빠져들 거예요.

강좌 39 | [Frame Tool]
프레임에 이미지 넣어서 꾸미는 비법!

#[Frame Tool] #[Frame Tool]로 이미지 추가하기 #[Adobe Bridge] #[Frame Tool] 영역 편집하기

앞에서 마스크 기능에 대해서 알아보았는데 여기서는 마스크 기능을 응용한 새로운 도구에 대해서 알아볼 거예요. 바로 ⊠ [Frame Tool] 도구입니다. 이 도구는 이미지를 넣고 싶은 위치 에 이미지를 표시할 영역을 만들고 그곳에 이미지를 추가할 수 있게 해줄 뿐만 아니라 위치도 자유롭게 이동할 수 있도록 해 줍니다. 마스크 기능을 이용한 도구이기 때문에 이미지 박스 안 에서 보이게 할 이미지의 크기와 위치도 조절할 수 있어요.

[Frame Tool]

사용 방법은 ⊠[Frame Tool] 도구를 클릭한 후 옵션 패널에서 박스의 종류를 선택합니다. 사각형 모양이 기본 이지만 원형을 사용하고 싶다면 옵션 패널에서 원형 목록을 클 릭해서 선택하세요. 모양이 선택되었으면 이미지를 추가할 부 분을 마우스로 드래그해서 영역을 그립니다. 만들어진 이미지 영역은 드래그해서 언제든지 위치를 이동할 수 있을 뿐만 아니 라 영역에 표시되어 있는 조절점을 드래그해서 형태를 변형할 수도 있답니다.

[Frame Tool]로 이미지 추가하기

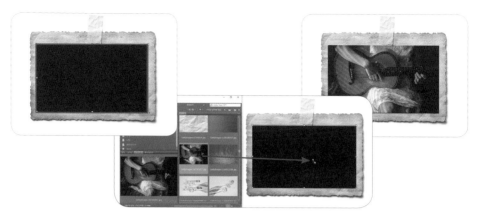

액자 이미지에 [Frame Tool] 도구로 프레임 영역을 지정한 후 이미지를 삽입해서 꾸민 장면

영역이 만들어졌으면 영역에 이미지를 넣어야겠죠. 이미지 파일을 열 수 있는 [Window 탐색기]나 [Adobe Bridge] 또는 이미지 뷰어 프로그램을 실행한 후 추가할 이미지 파일을 엽니다. 그리고 이미지 파일을 ⊠[Frame Tool]로 만든 영역까지 드래그하세요. 그러면 해당 영역에 이미지가 추가됩니다.

[Adobe Bridge]
→210p

이미지가 추가되었으면 영역을 더블 클릭해 보세요. 그러면 영역에 삽입된 이미지가 선택될 거예요. 마우스로 드래그해서 위치를 이동하고 Ctrl+T를 눌러 [Free Transform]을 실행하면 표시되는 조절점을 드래그해서 이미지 크기를 조절해서 꾸밀 수 있어요. 레이어에도 마스크 형식으로 추가된 이미지가 별도로 입력되어 있어 마스크 레이어처럼 언제든지 삭제 작업도 가능합니다.

[Frame Tool] 영
영 편집하기

[Adobe Bridge]는 어도비에 제공하는 이미지 뷰어 프로그램으로 이미지 파일, PSD 파일, 일러스트레이터 파일까지 대부분의 이미지 파일을 보여준다.

185

폰트 개념 잡기

#캘리그래피 #폰트 #스티브 잡스 #타이포그래피 #[눈누] 홈페이지 #무료 폰트 #저작권 범위 #TTF, OTF #폰트 설치 #폰트 확인

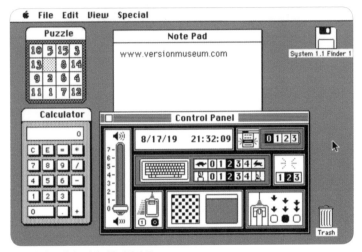

1984년 애플 매킨토시에 사용되었던 폰트

　　글자를 예쁘게 디자인하는 기술을 캘리그래피calligraphy라고　　　캘리그래피

합니다. 현재 우리가 사용하는 폰트부터 옛날로 거슬로 올라가

면 붓으로 쓴 붓글씨까지 글자나 글귀를 아름답게 쓰는 모든

기술을 캘리그래피라고 볼 수 있어요. 이러한 캘리그래피가 있

기에 예쁜 글자를 보거나 사용할 수 있게 된 거예요. 오랜 전통

을 자랑하는 Helvetica, Garamond, Futura 등의 폰트도 처음에

는 인쇄용 활자체로 시작되었답니다. 이러한 활자체들이 PC에

서도 사용할 수 있도록 폰트로 개발되어 현재까지 사용되고 있

는 거고요. 지금이야 글꼴을 PC에 사용자가 선택해서 사용하는 것은 매우 당연한 일이지만 PC 초기 시절에는 그렇지 않았답니다. PC의 성능 문제도 있었겠지만 PC에서 예쁜 글자를 사용하는 것은 매우 사치적인 일이라고 여겨졌던 거 같아요. 이러한 환경을 바꾼 사람이 바로 여러분이 잘 아시는 '스티브 잡스'랍니다. 그는 PC에 고정되어 사용되었던 폰트를 사용자들이 골라서 사용할 수 있도록 폰트 시스템을 정리하였으며, 1984년에 출시한 그의 첫 번째 매킨토시 컴퓨터에 5개의 인쇄용 폰트와 자체 개발한 시카고와 샌프란시스코 폰트를 제공하여 사용자들이 선택할 수 있도록 하였습니다. 그의 노력 덕분에 폰트가 일반화되었고 지금까지 우리들이 예쁜 글자를 사용할 수 있게 되었답니다.

스티브잡스

<u>컴퓨터에서 말하는 폰트는 컴퓨터에서 글자를 표시하기 위해서 사용되는 글꼴을 말해요.</u> 컴퓨터에 여러 가지 글꼴을 설치하여 다양한 모양의 글자를 입력할 수 있으며 폰트에 설정을 변경하여 독특한 글자를 꾸밀 수도 있어요. 그래서 타이포그래피 Typography라고 하여 폰트도 하나의 디자인으로 여겨지고 있는 이유도 여기에 있습니다.

폰트

타이포그래피

특별하게 폰트를 설치하지 않아도 PC에는 다양한 폰트가 있는데 이는 윈도우와 같은 운영체제에서 제공하는 기본 폰트들과 포토샵, 한글 워드프로세서, 오피스 등 소프트웨어를 설치할 때 프로그램에서 제공하는 폰트들도 함께 설치되어 있기 때문

MS 윈도우를 비롯하여 프로그램 설치 시 함께 제공되는 폰트들은 대부분 개인 용도로만 사용하도록 되어있다. 상업용으로 이용할 경우에는 반드시 상업용으로 사용이 가능한지 라이선스를 확인하도록 한다.

이에요. 이러한 폰트들은 일반적으로 많이 사용되는 기본 모양의 폰트들을 주류를 이루고 있기 때문에 개성 있고 매력적인 폰트를 이용하려면 폰트를 제작하는 업체에서 제공하는 폰트를 구매해서 사용해야 합니다. 최근에는 무료 폰트들도 많이 제공되고 있어서 무료 폰트로도 충분히 개성 있는 글자를 입력할 수 있습니다.

무료 폰트에는 어떤 것들이 있는지 보고 싶다면 [눈누] 홈페이지(https://noonnu.cc)에 접속하세요. 이곳에 접속하면 웹상에서 제공하는 무료 폰트들을 한눈에 볼 수 있답니다. 그리고 필요에 따라 다운로드해서 사용할 수 있어요. 무료라고 무분별하게 다운로드해서 사용하면 안 돼요. 폰트도 엄연한 저작권을 가지고 있기 때문입니다. 저작물이기 때문에 개발자가 제시하는 사용 용도에 맞게 사용해야 합니다. 출처가 불분명한 폰트를 사용해도 안 되고 용도에 맞지 않은 용도로 사용해서도 안 됩니다.

[눈누] 홈페이지

무료 폰트

라이선스 요약표

카테고리	사용 범위	허용여부
인쇄	브로슈어, 포스터, 책, 잡지 및 출판용 인쇄물 등	O
웹사이트	웹페이지, 광고 배너, 메일, E-브로슈어 등	O
영상	영상물 자막, 영화 오프닝/엔딩 크레딧, UCC 등	O
포장지	판매용 상품의 패키지	O
임베딩	웹사이트 및 프로그램 서버 내 폰트 탑재, E-book 제작	O
BI/CI	회사명, 브랜드명, 상품명, 로고, 마크, 슬로건, 캐치프레이즈	O
OFL	폰트 파일의 수정/복제/배포 가능. 단, 폰트 파일의 유료 판매는 금지	O

※ 위 사용범위는 참고용으로, 정확한 사용범위는 이용 전 확인바랍니다.
사용범위는 서체 제작사의 규정에 따라 달라질 수 있습니다.

[눈누] 홈페이지(https://noonnu.cc)에서 소개하는 폰트의 라이선스 요약표

특히 저작권 범위에 대해서 잘 이해하고 있어야 합니다. 무료라 저작권 범위
고 해서 모든 용도에 사용할 수 없어요. 개인 용도만 무료인지,
상업적 용도도 무료인지, 사용 용도에 벗어나지는 않는지 꼼꼼
히 확인해야만 합니다. 만일 위에서 설명한 사항을 지키지 않고
무분별하게 사용할 경우 저작권에 위배되어 법적 책임을 져야
하는 경우도 발생합니다. [눈누] 홈페이지에서 제공하는 폰트를
열어보면 라이선스 요약표라고 해서 사용 범위가 명시되어 있으
므로 이 용도에 맞는지 확인하고 다운로드하면 됩니다.

폰트 파일에도 종류가 있어요. 보통 하나의 파일로 이루어져
있으며 TTF와 OTF 파일 형식의 파일을 많이 사용합니다. 설치 TTF, OTF
방법은 간단해요. 폰트 파일을 마우스 오른쪽 클릭한 후 [설치] 폰트 설치
를 선택하면 자동으로 설치된답니다. 만일 TTF나 OTF와 같은
폰트 파일이 아닌 경우도 있는데 이러한 경우는 프로그램 설치
방식이므로 폰트 설치 안내 사항에 따라 설치하면 된답니다.

폰트 설치가 쉽다고 온갖 폰트를 전부 설치하는 것은 좋지 않
아요. 너무 많은 폰트를 설치하면 컴퓨터가 느려지는 문제를 발
생시키기 때문이에요. 그래서 꼭 필요한 폰트만 설치해서 사용
하기를 권장합니다. 설치된 폰트들을 확인하려면 윈도우의 [설 폰트 확인
정] 화면으로 이동한 후 [개인 설정]-[글꼴] 메뉴를 클릭하면
폰트 목록을 확인할 수 있고 폰트를 클릭하고 [삭제] 버튼을 클
릭해서 폰트를 삭제할 수도 있습니다.

어도비 회원은 [Adobe Fonts] 홈페이지(https://fonts.adobe.com)에 접속하면 어도비에서 제공하는 다양한 폰트를
검색하거나 다운로드 받아서 사용할 수 있다.

글자 입력하고 잘 꾸미는 비법!

#[Horizontal Type Tool] #글자 입력 방법 #텍스트 정렬 #[Paragraph] #텍스트 왜곡시키기
#[Create warped text] #이미지 글자 만들기 #[Rasterize Layer]

포토샵 작업 시 글을 입력해야 하는 일이 자주 생기죠. 이미지에 글을 입력하려면 글을 입력하게 해주는 도구인 [T] [Horizontal Type Tool]을 이용합니다. 도구를 선택하고 글을 입력할 곳을 클릭한 다음 옵션 막대나 오른쪽 패널에 위치해 있는 [A] [Character] 아이콘을 클릭하면 나타나는 패널에서 글자 속성을 지정합니다. 이곳에는 폰트 종류를 바꾸거나 글자 크기, 글자 간격 등의 속성을 변경할 수 있어요. 이때 글자 색도 [A] [Character] 패널의 [Color] 항목을 클릭해서 색을 지정해야 합니다.

[Horizontal Type Tool]

글자 속성을 변경했으면 타이핑하여 글자를 입력하면 된답니다. 만일 글자 속성을 수정하려면 글자를 더블 클릭해서 편집 상태로 변환한 후 [Character] 패널에서 속성을 변경하면 돼요. 이때 반드시 [T] [Horizontal Type Tool] 도구가 선택된 상태에서 글자를 클릭해야 글자가 선택된다는 점 잊지 마세요.

글자를 입력할 때 글자를 넣을 영역을 미리 지정해서 글을 입 글자입력방법

[Horizontal Type Tool] 도구를 길게 누르면 나타나는 메뉴에서 [Vertical Type Tool] 도구를 선택하면 세로로 글을 입력할 수 있다.

◀ [Character] 패널

력할 수도 있어요. 짧은 글을 입력할 때는
글을 입력할 곳을 클릭해서 글을 입력하는
방식이 편리하지만 이때 임의로 줄을 바꾸
기 전까지는 한 줄로만 입력된답니다. 만
일 장문의 글을 입력할 때는 T [Horizontal

포토샵

포토샵은 그래픽 편집 프로그램입니다. 비트맵
편집 프로그램으로 비트맵으로 구성되어 있는
이미지들을 편집할 수 있습니다.

장문의 글을 입력할때는 글자 영역을 지정
한 후 글을 입력한다.

Type Tool] 도구가 선택된 상태에서 마우스로 드래그해서 글자
를 입력할 영역을 지정한 후 글을 입력합니다. 그러면 영역 안
에 글이 입력되고 선택한 영역에 줄이 넘치면 자동으로 다음 줄
로 바뀌게 됩니다. 단, 영역 설정없이 클릭해서 글을 입력하는
경우에는 [Ctrl]+[T]를 눌러 [Free Transform]을 실행하면 나타나
는 조절점을 드래그해서 글자 크기를 확대 및 축소할 수 있지만
글자 영역을 지정해서 입력하는 경우에는 [Free Transform]으
로 글자 크기를 조절할 수 없답니다.

글자 입력을 하면 레이어 패널에도 변화가 생깁니다. 텍스트

를 입력하면 자동으로 텍스트 레이어가 등록되기 때문에 별도로 새 레이어를 추가하지 않아도 되고 텍스트 레이어가 선택된 상태에서 [Move Tool] 도구로 글자를 마우스로 드래그해서 위치를 이동할 수 있답니다.

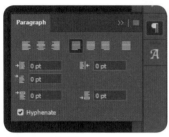
▲ [Paragraph] 패널

글자 정렬은 텍스트 옵션 막대에서 왼 텍스트 정렬
쪽, 가운데, 오른쪽 정렬을 클릭해서 정렬
할 수도 있지만 장문의 글인 경우 위의 정
렬을 이용해서는 글의 좌우가 나란히 정
리되지 않아요. 신문의 기사처럼 글을 깔
끔하게 정렬하려면 [Paragraph] 패널을 이 [Paragraph]
용합니다. [Windows]-[Paragraph] 메뉴를 클릭하거나 오른쪽 패널에서 ¶ 버튼을 클릭하면 나타나는 패널에서 보다 다양한 문단 정렬을 할 수 있어요. 장문의 글이라면 ▤ 버튼을 클릭하여 왼쪽 균등 배치 정렬을 하면 깔끔하게 정렬할 수 있답니다. 정렬 버튼 밑에는 왼쪽과 오른쪽 여백 설정, 다음 줄에는 첫 줄 들여 쓰기, 다음 줄에는 문단에서 윗부분 공간과 아랫부분 공간을 지정할 수 있어요.

이번에는 좀 더 재미있는 글자 효과에 대해서 알아볼게요. 텍 텍스트 왜곡시키기
스트 옵션 막대를 보면 ⊥ [Create warped text] 버튼이 있는데 [Create warped text]
이 버튼을 클릭하면 글자를 지정한 모양으로 왜곡시킬 수 있어요. 해당 버튼을 클릭하면 대화 상자에서 [Style] 항목에 왜곡시

텍스트를 영역으로 지정한 후 새 레이어에 색을 채워 이미지로 만들고 [Free Transform]으로 글자를 위아래로 뒤집은 뒤 기울여서 왜곡시킨 장면

[Create warped text] 버튼을 클릭한 후 [Flag] 스타일을 적용한 장면

킬 모양을 선택하고 하단의 옵션들을 조절하면 글자를 재미있는 꾸밀 수 있어요.

텍스트는 글자 입력이 가능한 텍스트 속성을 가지고 있어서 이미지처럼 꾸미는 데 한계가 있어요. 그래서 상황에 따라 텍스트를 이미지 속성으로 변경하기도 한답니다. 레이어 패널에서 텍스트 목록을 오른쪽 클릭 후 [Rasterize Layer]를 선택하면 이미지로 변환할 수 있어요. 이렇게 만들어진 이미지는 텍스트 속성이 없어서 글자 속성을 더 이상 설정할 수 없지만 이미지 크기를 늘리거나 줄이는 등 이미지 속성은 사용할 수 있게 된답니다. 이미지로 변환되면 텍스트에서는 할 수 없는 [Free Transform]을 실행하여 왜곡된 텍스트 이미지를 만들 수 있답니다.

이미지 글자 만들기

[Rasterize Layer]

[Rasterize Layer]는 텍스트처럼 벡터로 구성된 요소 등을 이미지인 비트맵 형식으로 변환해주는 메뉴이다.

특수 문자 입력하는 비법!

#딩벳 폰트 #[Glyphs] #특수 문자 입력

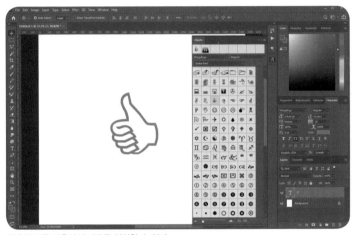

딩벳 폰트를 이용하여 기호를 입력할 수 있다.

폰트는 분명 문자를 입력하는 글꼴이긴 하지만 어떤 폰트는 문자가 아닌 기호만 담고 있는 경우도 있어요. 이러한 폰트를 딩벳 폰트dingbat font 라고 합니다. 윈도우에 기본적으로 설치되 어 있는 딩벳 폰트는 [Webdings], [Wingdings], [Wingding 2] ,[Wingding 3]가 있으며 각각의 폰트마다 200여 개의 기호를 담 고 있답니다.

딩벳 폰트

[Horizontal Type Tool]을 클릭하고 폰트를 딩벳 폰트 로 선택하세요. 그리고 키를 누르면 문자가 아닌 기호가 입력

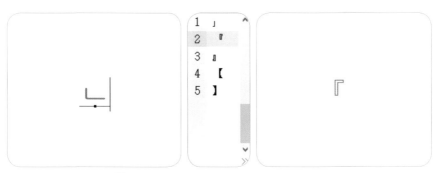

자음을 입력하고 [한자]를 누르면 나타나는 목록에서 사용할 기호를 선택한다.

될 거예요. 각 키마다 해당하는 기호가 무엇인지 알기가 어렵죠. 키마다 할당된 기호를 확인하려면 [Glyphs]을 이용하세요. [Window]-[Glyphs] 메뉴를 클릭하면 [Glyphs] 패널이 열리는데 이곳에서 현재 선택한 폰트에 담겨 있는 모든 문자들을 한눈에 볼 수 있어요. 목록 중에 사용하고 싶은 기호를 더블 클릭해서 입력한 후 글자 속성을 이용하여 크기와 색을 변경해서 꾸미면 됩니다. 하트나 손모양 등의 기호는 굳이 그리지 않더라도 딩뱃 폰트를 이용하여 손쉽게 만들 수 있겠죠.

[Glyphs]

이외에 한글을 입력할 때 키보드에 없는 『』, ㉠, ※ 기호 등을 입력해야 할 때가 있을 거예요. 이때는 한글 모드에서 ㄱ, ㄴ, ㄷ 등 자음을 입력한 후 [한자]를 누르면 펼침 목록이 열립니다. 방향키를 사용하여 목록을 살필 수 있습니다. 원하는 기호를 찾으면 [Enter]를 눌러 입력할 수 있어요. 자음마다 제각기 다른 기호들을 지원하므로 자주 사용할 만한 기호는 어떤 것들이 있는지 확인해보세요.

특수문자입력

[Glyphs]는 선택한 폰트에서 제공하는 모든 글꼴들을 한 눈에 확인할 수 있고 해당 문자를 더블 클릭해서 입력도 할 수 있다.

타이포 잘하는 비법!

#타이포 잘하는 방법 #명조체 #고딕체 #균형의 미

글자를 예쁘게 꾸미고 배치하는 작업을 타이포그래피 typography라고 부릅니다. 광고물이나 영상물, 인쇄물 등에서 예쁘게 디자인된 제목이나 깔끔하고 세련되게 정리되어 있는 텍스트물들을 흔히 볼 수 있을 거예요. 이와같은 타이포그래피는 모든 매체에서 자주 볼 수 있는 요소인 만큼 유행에도 민감하답니다. 그렇기 때문에 내 마음대로 디자인하는 것이 아니라 최근 트랜드를 잘 읽고 제작할 목적에 맞추어서 디자인하는 것이 무엇보다 중요해요. 초보자들이 타이포를 잘 못하는 이유가 기본을 무시하고 마음대로 제작하는 경향 때문이에요. 많이 보고 많이 경험해보는 것이 무엇보다 중요하답니다. 그럼 타이포를 잘하려면 어떻게 하면 좋은지 살펴볼까요.

타이포를 잘하려면 화려한 폰트 사용을 자제해야 합니다. 초보자들이 예쁘게 글을 꾸미기 위해서 독특한 모양의 폰트를 많이 사용하는데 막상 디자이너가 제작한 유명한 광고들을 보면 생각 외로 독특한 폰트보다는 우리가 흔히 사용하는 명조체나 고딕체 등 기본 폰트를 주로 이용하고 있는 것을 알 수 있습니

타이포 잘하는 방법

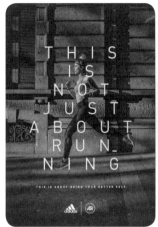

필기체 등 특이한 폰트 또는 타이포그래피를 사용하는 경우도 있지만 생각 외로 흔히 사용하는 폰트들이 주류를 이룬다.

다. 독특한 폰트를 이용하기 보다 기본 폰트를 잘 사용하는 것이 무엇보다 중요하다는 점 명심하세요.

　　그다음으로 흔히 보이는 초보자의 실수는 글자의 크기입니다. 포토샵에서 작업하다 보면 실제 크기로 두고 작업하기보다 축소하거나 확대된 크기로 두고 작업하는 경우가 많습니다. 이러한 경우에 전체 이미지와 어울리지 않은 크기로 만들어지는 경우가 많이 발생한답니다. 그러므로 🔍[Zoom Tool] 도구를 더블 클릭해서 실제 크기로 변경한 후 작업한 글자 크기를 수시로 확인하면서 작업하도록 하세요. 인쇄물인 경우에는 수시로 실제 크기로 프린팅해서 확인하는 것도 좋은 방법입니다.

포토샵
PHOTOSHOP

포토샵
PHOTOSHOP

위는 Kopub batang 체,
아래는 Kopub dotum 체

　　폰트의 종류에 대해서 이해해두면 좀 더 멋지게 타이포 작업을 할 수 있어요. 폰트는 모양에 따라 명조체(바탕체)와 고딕체(돋움체)로 나눌 수 있어요. 간단하게 명조체는 획의 끝에 삐침이 있는 글꼴을 말하고, 고딕체는 삐침이 없이 직선으로 이루어진 글꼴을 말하는 것으로 영문은 명조를 세리프, 고딕을 산세리프라고 부릅니다. 명조체는 흔히 신문이나 책의 본문처럼 장문의 글을 읽기에 편한 폰트로 본문체에 많이 활용되고 고딕체는 눈에 잘 띄기 때문에 제목에 주로 사용하여 제목체로 많이 활용되고 있어요. 그러나 웹에서는 픽셀 구조의 특징 때문에 이러한 규칙이 맞게 떨어지지는 않는

제목은 세리프(명조 계열), 본문은 산세리프(고딕 계열)로 구분하여 편집했다.

명조체
고딕체

답니다. 그래서 웹에서는 고딕체가 명조체보다 바르게 잘 보이기 때문에 고딕체를 많이 사용됩니다. 어쨌든 두 가지 글꼴의 큰 차이가 나는 특징을 가지고 있기 때문에 타이포그래피 할 때 두 가지 폰트를 적절히 조화롭게 구성하는 것이 좋아요. 예를 들어 제목에 고딕체를 사용했으면 본문은 명조체를 사용하여 디자인적인 변화를 주어 안정적인 느낌을 줄 수 있답니다.

그다음은 균형의 미의 개념을 익히도록 하세요. 어떤 위치에 균형의 미 글을 배치해야 균형감이 있을지 고민해보세요. 예를 들어 장문

명조체와 고딕체는 일본에서 들어온 용어이다. 인쇄 기술이 일본으로부터 넘어왔는데, 관련 용어까지 그대로 수입해서 생긴 문제다. 요즘에는 순우리말인 바탕체, 돋움체 이름을 사용하기를 권장하고 있다.

구성이 복잡해도 안정적으로 보이는 이유는 각각의 요소를 바르게 정렬했기 때문이다.

의 글을 넣었을 때 글자 공간의 윗부분에 띄운 여백만큼 왼쪽에도 띄우면 보다 안정적으로 보이게 됩니다. 만일 동일하게 맞추기 어려울 경우에는 가능한 비슷하게 영역을 설정하는 것이 좋아요. 이와 같이 글자 영역의 여백을 서로 균등하게 띄우는 것이 안정감 있게 디자인하는 방법이랍니다. 여러 개의 글자 영역이 있는 경우도 마찬가지예요. 글자 영역끼리 간격을 균등하게 띄우고 정렬 또한 통일시키세요. 이미지와 글자를 배치하는 경우에도 글자 영역을 이미지 너비에 맞추세요. 이러한 방법으로 요소들을 한쪽 면에 동일하게 맞추면 바르게 정렬되어 보입니다. 최대한 정리를 잘 해놓아야 깔끔한 레이아웃이 만들어집니다. 초보자와 전문가의 타이포 실력 차이는 바로 이러한 균형미에 얼마나 신경 썼는지에 달려 있답니다.

앞에서 타이포를 잘하는 방법을 설명했지만 방법을 안다고 하루아침에 전문가가 될 수는 없어요. 잘 만들어진 작품들을 많이 보고 느끼고 작품을 따라해보는 연습을 자주 해보는 것이 무엇보다 중요하답니다.

포토샵의 룰러 영역부터 작업창까지 마우스로 드래그하면 가이드선을 표시할 수 있다. 가이드선을 이용하여 각각의 요소를 특정 라인에 맞추어 정리하는 습관을 들이도록 하자.

GIF 애니메이션 만들기 비법!

#GIF 애니메이션 #[Timeline] #[Duplicates selected frames]

우리는 앞에서 GIF 이미지 데이터가 가지고 있는 특징 중 하나가 애니메이션 기능이 있다는 사실을 배웠었죠. 이미지 파일이 움직이는 영상을 만들 수 있다고? 믿기지 않겠지만 사실입니다. 단, 동작 방식은 영상과 다르게 단순합니다. GIF 애니메이션은 움직이는 각 프레임을 이미지로 하나하나 나타나게 해주기 때문에 초당 30프레임 이상을 보여주는 동영상과 달리 GIF는 보통 적은 프레임으로 만들기 때문에 움직임이 단순하답니다. 하지만 움직이는 재미를 느끼게 해주기에는 충분하기 때문에 홈페이지에서 이미지 사용하듯이 손쉽게 이용하여 재미있는 애니메이션 효과를 연출할 수 있어요. 포토샵에서 GIF 애니메이션을 만들려면 움직이는 시간마다 프레임을 배치할 수 있도록 해주는 타임라인이라는 기능을 이용합니다.

GIF 애니메이션

애니메이션에 사용할 프레임을 레이어별로 나누어서 꾸민다.

    포토샵에서 GIF 애니메이션을 만들려면 먼저 어떻게 움직이는 동작을 만들지 구상해야 해요. 그리고 그 구상에 따라 이미지를 만들어야 합니다. 여기서는 하트가 서서히 커지고 'I LOVE YOU'라는 글자가 출력되도록 만들어 볼게요. 하트가 서서히 커지게 만들려면 하트 이미지가 작은 것부터 큰 것까지 여러 개의 이미지가 필요하겠죠. 여기서는 작은 하트, 조금 큰 하트, 더 큰 하트 이렇게 3개의 하트를 이용해 볼게요. 먼저 레이어를 추가하고 🖋️[Pen Tool] 도구로 레이어 위에 하트를 그린 다음 빨간색으로 색을 채우세요. 조금 큰 하트를 만들기 위해서 앞에서 만든 하트를 새 레이어로 복제하세요. 복제하는 법 아시죠. 하트가 있는 레이어를 ⊞[Create a new layer] 버튼으로 드래그하면 복제된다고 말씀드렸죠. 이렇게 복제된 하트를 Ctrl+T를 누른 후 조절점을 드래그해서 조금 큰 하트 모양으로 확대해 주세요. 같은 방법으로 레이어를 또 복제해서 더 큰 하트 모양을 만들어 줍니다. 마지막에는 텍스트를 추가해서 'I LOVE YOU'를 입력해서 꾸며줍니다. 자! 그럼 바닥 레이어와 하트 이미지가 들어간 3개의 레이어와 텍스트가 입력된 텍스트 레이어가 구성되었습니다.

이미지가 작업이 완료되었으면 애니메이션을 만들기 위해서 [Window]-[Timeline] 메뉴를 클릭해서 타임라인을 실행합니다. 타임라인은 움직임에 사용할 프레임을 등록할 수 있도록 해주는 도구예요. 포토샵 하단에 타임라인 패널이 나타나면 가운  데 위치해 있는 [Create Video Timeline] 버튼의 내림 버튼을 클릭해서 [Create Frame Animation]을 선택하고 해당 버튼을 클릭합니다. [Create Frame Animation]은 이미지로 애니메이션을 만들 때 사용한답니다. 먼저 첫 번째 프레임을 꾸밉니다. 바닥 레이어를 빼고 나머지 프레임을 감춥니다. 두 번째 프레임을 추가하기 위해서 타임라인 패널에서 ⊞[Duplicates selected frames] 버튼을 클릭해서 새 프레임을 추가합니다. 두 번째 프레임에는 작은 하트 이미지가 있는 레이어를 보이게 합니다. 같은 방법으로 세 번째 프레임을 추가해서 조금 큰 하트 이미지만 보이게 하고, 네 번째 프레임을 추가해서 더 큰 하트 이미지가 보이게 하고, 다섯 번째 프레임을 추가해서 더 큰 하트 이미지와 텍스트

[Timeline]

[Duplicates selected frames]

각 프레임마다 기록된 타임라인 구성

가 보이도록 꾸밉니다. 이와 같이 프레임을 추가해서 해당 프레임에 보이게 할 이미지를 레이어 패널에서 선택해서 열어주면 된답니다. 총 5개의 프레임을 만들어지면 프레임 목록 밑에 보이는 시간을 클릭한 후 프레임마다 나타나게 할 시간을 지정하세요. 0.5초를 선택해서 0.5초마다 다음 프레임으로 이동하도록 꾸미면 애니메이션이 완성됩니다. 하단에 보이는 [Forever] 항목은 이 애니메이션을 몇 번 실행할지를 지정하는 옵션이에요. [Forever]는 무한 반복해서 실행하게 해줍니다. 한 번 또는 세 번 유한 번 실행하게 하려면 버튼을 클릭해서 옵션을 바꿔주세요. 다 준비되었으면 플레이 버튼을 클릭해서 애니메이션을 확인합니다. 제대로 동작하나요? 그럼 저장을 실행해서 GIF로 저장하면 작업이 완료된답니다.

인쇄 잘하는 비법!

#[Print] #[Print Setting] 버튼 #[Scaled Print Size] #[Scale to Fit Media]
#[Printing Marks]

어떨 때 작업물을 인쇄하나요? 보통 작업물을 검토하거나 보고용으로 사용하거나 또는 사진처럼 초고화질로 뽑을 때 사용할 거예요. 그리고 인쇄 목적에 따라 인쇄 설정을 잘 맞춰주어야 최적의 결과를 만들 수 있답니다.

인쇄를 하려면 [Flie]-[Print] 메뉴를 실행합니다. 그러면 인쇄 세팅 화면이 열리는데 여기서 프린터 환경을 설정합니다. [Print Settings] 대화 상자에서 화면 오른쪽 상단에 위치해 있는 PC에 연결되어 있는 프린터 목록에서 인쇄할 프린터 종류를 선택하고 [Print Settings] 버튼을 클릭합니다. 버튼을 클릭하면 나타나는 대화 상자는 선택한 프린터 제조사에서 제공하는 옵션들을 설정하는 화면입니다. 컬러 인쇄인지 흑백 인쇄인지, 용지 크기 등의 속성을 설정한 후 [확인] 버튼을 클릭해서 설정을 완료합니다.

[Print Setting] 버튼을 누르면 나타나는 대화 상자에는 기본 설정 이외에 기본 인쇄 기능에는 지원하지 않는 특수한 옵션들

[Print]

[Print Setting]
버튼

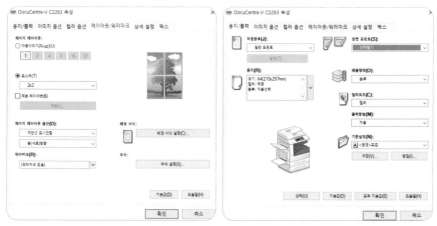

프린터 속성에서 분할 인쇄를 설정하는 장면과 양면 인쇄를 설정하는 장면

을 제공합니다. 큰 이미지를 여러 장의 용지에 분할해서 인쇄하거나 양면 인쇄를 하거나 또는 용지 가장자리 테두리에 여백 없이 이미지로 꽉 채워서 인쇄하는 기능 등을 제공하며 이는 프린터마다 지원하는 방식이 제각기 달라요. 자세한 사항은 프린터 매뉴얼을 참고하기 바랍니다.

[Printer Setting]을 완료했으면 인쇄 설정 화면에서 나머지 인쇄 속성을 설정합니다. 오른쪽 상단 [Copies] 항목에서 인쇄 매수를 입력하고 [Layout] 항목에서 인쇄 방향을 선택합니다. 그런 다음 [Scaled Print Size] 항목에서 인쇄물 크기를 설정합니다. [Scale] 항목에 '100%'라고 입력하면 작업한 이미지의 실제 크기로 인쇄하게 됩니다. 만일 작업한 이미지가 A3 크기인데 인쇄 용지는 A4라면 용지보다 이미지가 더 크기 때문에 이미지가 잘

[Scaled Print Size]

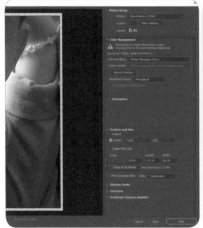

[Scale to Fit Media] 항목을 체크하면 인쇄 용지에 맞에 이미지 크기가 조절된다.

려서 인쇄될 거예요. 만일 이미지 크기가 커서 용지 크기에 맞
게 인쇄하고 싶다면 [Scale to Fit Media] 항목을 체크하면 용지 [Scale to Fit Media]
크기에 맞게 이미지 크기를 조절해서 인쇄됩니다. 또는 [Scale]
항목에 이미지 크기를 백분율 비율을 입력해서 확대 또는 축소
할 수 있어요.

　다음은 [Printing Marks] 항목에 인쇄 시 참고 표시선을 표시 [Printing Marks]
해 주세요. 재단할 위치를 표시해 주는 [Conor Crop Marks], 이
미지 중심을 표시하는 [Center Crop Marks], 원하는 설명글을
표시하는 [Description] 등의 정보를 표시할 수 있습니다. 모든
준비가 완료되었으면 [Print] 버튼을 클릭해서 인쇄하세요.

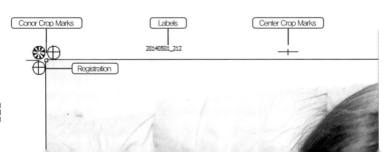

스캐너 사용 비법!

#스캐너 #포토샵 스캔 실행 #스캔 문서 보정

디자인 작업에 참고할 인쇄물이나 사진 또는 드로잉에 사용할 스케치 문서 등을 포토샵에서 이용하려면 인쇄물을 포토샵으로 작업할 수 있도록 이미지 데이터로 만들어야 합니다. 이때 사용하는 장치가 평판 스캐너Scanner 입니다. 흔히 스캐너라 불리는 이 장치는 유리판 위에 인쇄물을 넣고 동작시키면 광원으로 인쇄물을 스캔하여 인쇄물을 이미지 데이터로 만들어 주는 입력 장치랍니다. 스케치를 많이 하는 캐릭터 디자이너들에게는 필수적인 장비이죠. 손으로 스케치한 종이를 데이터로 가져올 때 반드시 필요하기 때문이죠.

최근에는 스마트폰의 카메라 성능이 좋아져서 인쇄물을 촬영하여 바로 이미지 데이터로 만들기도 하지만 제대로 된 이미지 데이터를 만들려면 스캐너 장치를 이용해야 합니다.

스캐너 장치를 이용하는 방법은 제조사마다 제공하는 프로그램을 통해 손쉽게 스캔할 수 있지만 포토샵에서 스캐너를 제어하여 스캔을 할 수도 있어요. 여기서는 포토샵에서 스캐너를 이용하는 방법에 대해서 알아볼게요.

스캐너

먼저 스캐너에 스캔할 문서를 넣고 전원을 켜세요. 포토샵 포토샵스캔실행
에서 스캐너의 입력 장치를 이용하기 위해서 [File]-[Import]-
[WIA Support] 메뉴를 클릭합니다. [WIA Support] 메뉴가 보 [WIA Support]
이지 않는다면 스캐너 장치가 PC랑 연결이 정상적으로 설정되
어 있지 않은 거예요. 전원이 켜졌는지 PC랑 연결이 제대로 되
어 있는지 확인해 보세요. 정상적으로 연결되면 [WIA Support]
대화 상자가 나타나는데 여기서 [Open Acquired Image(s) in
Photoshop] 항목을 체크합니다. 이 항목을 체크해야 스캔된 이
미지가 바로 포토샵에 열리게 됩니다. 설정을 완료하면 스캐너
장치 목록이 나타날 거예요. 여기서 사용할 스캐너 장치를 선택
하고 [확인] 버튼을 클릭하세요. 드디어 스캔을 작업할 수 있는

[Create Unique Subfolder Using Date Today] 항목을 체크하면 [Destination Folder] 항목에서 지정한 폴더 위치에
스캔한 이미지가 자동으로 저장된다.

대화 상자가 열립니다. 정확한 작업을 하기 위해서 [사용자 지정 설정]을 클릭해서 해상도를 '300' 이상 높게 설정해 줍니다. 고화질을 위해서 조금 높게 설정해 주는 것이 좋아요. 저는 보통 '600' 정도 입력해 준답니다. 수치가 높을수록 이미지 크기와 파일 크기도 커집니다. 준비되었으면 [미리 보기] 버튼을 클릭해서 스캔할 이미지를 확인해 봅니다. 미리 보기 창에 조절점이 표시되는데 이 부분이 실제 스캔 될 영역을 지정하는 공간입니다. 조절점을 마우스로 드래그해서 스캔 영역을 지정한 후 [스캔] 버튼을 클릭하면 스캔이 이루어집니다.

스캔을 한 이미지를 보면 화질에 실망할 수도 있을 거예요. 앞에서 배운 [Levels]과 [Hue/Saturation]로 이미지를 선명하고 화사하게 만들어주고 문서가 기울어져 있다면 [Free Transform]을 실행하여 바르게 회전시켜서 보정해주세요.

스캔 문서 보정

해상도가 높을수록 이미지 용량이 커지고 스캔 속도도 용량에 비례해 느려지므로 적당한 크기의 해상도를 설정하도록 한다.

이미지 뷰어 활용 비법!

#[Adobe Bridge] #[Faststone Image Viewer]

[Adobe Bridge]는 어도비 프로그램을 설치하면 함께 설치되는, 이미지 파일을 관리해 주는 프로그램으로 이미지 뷰어 기능으로도 이용할 수 있어요. 이미지 뷰어란 윈도우 탐색기와 같이 탐색 구조로 이미지를 섬네일로 미리 보여주는 프로그램을 말해요. [Adobe Bridge]는 이미지 뷰어 프로그램치고 로딩 속도는 느리지만 PSD나 Ai 파일 등 다른 이미지 뷰어 프로그램에서는 지원하지 않는 이미지까지 미리 볼 수 있다는 장점을 가지고 있답니다.

[Adobe Bridge]

만일 로딩 속도가 빠른 이미지 뷰어 프로그램을 원한다면 [Faststone Image Viewer] 프로그램을 추천합니다. 타 업체의 이미지 뷰어와는 비교할 수 없을 정도로 가볍고 빠르답니다. [Faststone] 홈페이지(https://www.faststone.org)에 접속해서 무료로 다운로드해서 사용할 수 있어요.

[Faststone Image Viewer]

이미지 뷰어를 장황하게 설명하는 이유는 포토샵을 작업할

왼쪽은 [Adobe Bridge], 오른쪽은 [Faststone Image Viewer] 이미지 뷰어 프로그램

때 뷰어 프로그램이 매우 유용하기 때문이에요. 특히 듀얼 모니터를 사용할 때 효과적이랍니다. 한쪽에는 포토샵을 열어 놓고 한쪽에는 이미지 뷰어를 열어 놓은 후 이미지 뷰어에서 작업할 이미지를 찾아서 포토샵 화면으로 드래그해서 가져오면 빠르게 이미지를 불러와서 작업할 수 있어요. 이미 포토샵에서 이미지가 열려 있는 경우에는 새롭게 불러올 이미지를 열려 있는 이미지 화면으로 드래그하면 이미지 안에 이미지가 삽입되어 버리므로 새 문서 탭으로 이미지를 불러오려면 캔버스 화면 영역을 제외한 포토샵 메뉴 영역 쪽으로 드래그하면 새 탭으로 이미지를 불러올 수 있어요. 이렇게 포토샵과 함께 이용하면 효율적으로 작업을 할 수 있답니다.

이스터에그(Easter egg)란 프로그램 개발자가 의도적으로 숨겨 넣은 요소를 말합니다. 포토샵도 재미있는 이스터에그를 제공하기로 유명하답니다. 포토샵에서 [Help] 메뉴에 있는 [About Photoshop] 메뉴에 마우스 포인터를 위치시킨 다음 Ctrl 를 누른 상태에서 클릭해 보세요. 그러면 포토샵에 숨겨져 있는 이스터에그 이미지가 나타납니다. 어떤 숨겨진 이미지가 나타나는지 찾아보세요.

포토샵 출시 25주년을 기념으로 토마스 놀과 존 놀을 기리기 위해 포토샵 CC 2015 버전에 숨겨져 있던 이스터 에그